NAZZARENO DE BENEDETTO

MUSICOLOGIA LITURGICA

MESSINA 2011

Ai cantori del Coro San Nicolò di Giampilieri

CAPITOLO I

IL CANTO E LA MUSICA

NELLA LITURGIA

1. La musica a servizio della liturgia

La Musica e il canto nell'ambito della Liturgia Cattolica di Rito Romano ha avuto nella Storia diverse collocazioni.

Pio X la definisce *"humilis ancilla"* (Motu proprio Tra le sollecitudini n. 23: "... la musica è semplicemente parte della liturgia e sua umile ancella.")

Pio XI la definisce *"nobilis ancilla"*, (Costituzione Apostolica "Divini cultis sanctitatem" - "Importa dunque moltissimo che quanto è ornamento della sacra liturgia sia contenuto nelle forme e nei limiti dalla Chiesa voluti e imposti perché le arti servano veramente, com'è doveroso ed essenziale, quali nobilissime ancelle al divin culto") mentre Pio XII nella sua Enciclica "Musicae sacrae disciplina" al n. 12 recita "... quella (la musica sacra) invece occupa un posto di primaria importanza nello svolgimento stesso delle cerimonie e dei riti sacri." e ancora "... è l'ancella della sacra liturgia" e al n. 15 "Infatti quanti o compongono musica secondo il proprio talento artistico, o la dirigono, o la eseguiscono sia vocalmente sia per mezzo di strumenti musicali, tutti costoro senza dubbio *esercitano un vero e proprio apostolato, ...non sono solamente artisti e maestri d'arte, ma anche ministri di Cristo Signore e collaboratori nell'apostolato ....*"

La Costituzione Sacrosantum Concilium al n. 112 gli attribuisce un compito *"ministeriale"*: "... **il canto sacro, unito alle parole, è parte necessaria ed integrante della liturgia solenne**."

Essa è così strettamente unita alla liturgia da non esserne che la manifestazione sonora e volto splendido.

Nella liturgia il canto non deve sovrapporsi all'azione liturgica dall'esterno, ma deve sgorgare all'interno dell'azione stessa: l'assemblea liturgica non deve semplicemente cantare ma *"celebra cantando"*.

Questa profonda unione tra Liturgia e canto sacro si esprime nella realizzazione della funzione del "**munus ministeriale**" e del "**signum**".

Sia la S. C. quanto l'istruzione M. S. parlano in modo inequivocabile di questo compito ministeriale della musica sacra, anzi, l'Istruzione precisa che essa è stata promulgata proprio per *"risolvere le difficoltà (suscitate dalle nuove norme circa l'ordinamento dei riti e la partecipazione attiva dei fedeli) riguardanti la musica sacra e il suo compito ministeriale".* (M.S. n. 2)

Il "munus" ministeriale sta nell'**esprimere più chiaramente** il rito, **favorire l'unanimità** e **arricchire di maggiore solennità** i sacri riti. (S. C. n. 112). Questo significa che la musica sacra viene equiparata al compito ministeriale del lettore, dell'accolito, del diacono.

E' veramente di fondamentale importanza quanto enuncia l'art. 5 dell'Istruzione M. S.: *"L'azione liturgica riveste una forma più nobile quando è celebrata in canto, con i ministri di ogni grado che svolgono il proprio ufficio, e con la partecipazione del popolo. In questa forma di celebrazione, infatti, la preghiera acquista un'espressione più gioiosa, il mistero della sacra Liturgia e la sua natura gerarchica e comunitaria vengono manifestati più chiaramente, l'unità dei cuori è resa più profonda all'unità delle voci, gli animi si innalzano più facilmente alle cose celesti per mezzo dello splendore delle cose sacre, e tutta la celebrazione prefigura più chiaramente la Liturgia che si svolge nella Gerusalemme celeste".*

La musica sacra attuando questo suo compito ministeriale diventa "vero segno liturgico" in quanto manifesta la gloria di Dio e la santificazione dei fedeli.

"La Musica sacra deve, quindi, esprimere il mistero di Cristo, con la logica conseguenza che il segno sonoro non può essere segno liturgico se non è in sintonia con lo spirito dell'azione liturgica e conforme alla natura di ciascun momento di essa".[1]

L. Brandolini così scrive: *"Dove il canto diventa rito, il rito diventa canto, il canto si eleva sopra la parola. In realtà la musica, soprattutto quando rafforza, eleva, nobilita la parola, quella parola di salvezza che costituisce il meraviglioso dialogo tra Dio e il suo popolo, è essa stessa segno, anzi sacramento che esprime e realizza più facilmente la comunione nella fede e nella carità".*[2]

---

[1] Paolo VI: Lettera ai Ceciliani in "Bollettino Ceciliano" n. 10 – 1973, pag. 227

[2] L. Brandolini in "Ministri e servizi nella Chiesa di oggi", Roma 1980

2. Il senso della musica nella liturgia

Ogni musica ha in se un messaggio. Ancor di più la musica unita alle parole, ad un testo, esprime un significato ben preciso.

La musica liturgica deve esprimere lo stesso significato, lo stesso messaggio del testo amplificandolo, aggiungendo maggior efficacia al testo stesso.

Il canto nella liturgia è anche risposta a Dio che parla: quando questa risposta non è più individuale, personale ma diventa di tutta la comunità, allora esige l'acclamazione del popolo in canto. Tipico esempio è il Salmo Responsoriale, risposta alla prima lettura; ma anche le varie acclamazioni di cui è ricca la liturgia eucaristica.

Il canto favorisce, crea ed esprime la "comunità": il cantare insieme è il segno dell'unità, dell'*unanimità*. L'assemblea liturgica si presenta come un insieme vivo ed organico, gerarchizzato nei suoi membri; ed è proprio il canto che mette in evidenza il compito e le funzioni dei suoi singoli componenti ed in questa diversità viene manifestata l'unità del Corpo Mistico di Cristo.

S. Giovanni Crisostomo diceva ai suoi fedeli: "*Il salmo che abbiamo ora cantato nella Celebrazione, ha fuso le voci e ha fatto sì che si elevasse un solo canto pienamente armonico. Giovani e vecchi, ricchi e poveri, schiavi e liberi, tutti hanno usato una sola melodia. Qui non si distingue più schiavo né libero, né ricco né povero, né principe né semplice cittadino. Tutte queste disuguaglianze nella vita pagana sono bandite nella espressione comunitaria del canto. Tutti insieme formiamo un solo coro con intera uguaglianza di diritti e di espressione e con questa la terra imita il cielo*".[3]

E Nunzio D'Elia completa: "*Cantare è rinunciare a se stessi, al proprio tono individuale, alla riservatezza dei propri sentimenti per entrare e vivere i pensieri ed i sentimenti di tutta la comunità. Niente meglio del canto significa e realizza l'unità dei credenti nella fede e nell'amore.*

---

[3] G. Crisostomo, Expos. in ps. 46 pag. 55

E se le nostre assemblee non sentono il bisogno di fondere insieme le loro voci, vuol dire che hanno perso il senso della fraternità anche semplicemente sul piano umano. La fede delle nostre assemblee non è forse chiusa in un atteggiamento individualistico che impedisce di vivere il grande ideale dell'unità cristiana?"[4]

E infine Paolo VI dice: *"Quando il canto del popolo declina, si affievolisce la fede".*[5]

La musica, da sempre, ha accompagnato i momenti più belli della vita di un popolo, in special modo i momenti di festa: non ci può essere gioia vera senza la musica, senza il canto. La musica liturgica è quindi espressione di una comunità in festa che si raduna nel tempio per lodare Dio, per cantare al Signore il "canto nuovo".

Nell'Ordinamento Generale del Messale Romano leggiamo: *"I fedeli che si radunano nell'attesa del loro Signore, sono esortati dall'Apostolo a cantare insieme*

---

[4] N. D'Elia in "Celebrare è cantare" L.E.R. Napoli 1981
[5] Paolo VI, discorso all'assemblea plenaria dei Vescovi Italiani 14/4/1964

salmi, inni e cantici spirituali" (Col. 3,16), *infatti il canto è segno della gioia del cuore* (Atti 2,46)[6].

"Niente, dunque, più del canto e della musica genera la festa e la gioia della comunità che soltanto nella gioia e con il canto può rendere grazie a Dio, un grazie non lamentevole, insicuro, ma un grazie totale, pieno, gioioso, esplodente, unificante e festante".[7]

Ma il canto è anche meditazione, interiorizzazione, far propria la Parola ascoltata, per calare nella vita di ognuno il grande mistero della salvezza che si celebra. La MS all'art. 15 recita: "Si educhino i fedeli a saper innalzare la loro mente a Dio attraverso la partecipazione interiore, mentre ascoltano ciò che i ministri o la «schola» cantano.

Tutti gli studiosi sono concordi che deve considerarsi partecipazione attiva la posizione di chi ascolta ponendosi in atteggiamento di adesione e fruizione sincera, di interiorizzazione del gesto comunitario.

---

6 OGMR n. 39
7 N. D'Elia, idem

11

La presenza delle suddette condizioni valgono, ovviamente, già per quell'ascolto normale che si deve prestare agli interventi ministeriali della sola schola cantorum, ma possono giustificare anche l'ascolto del canto fatto da altri membri dell'assemblea (anche i musicisti, cantori, solisti ecc. fanno parte del corpo ecclesiale fatto di molte membra). La funzione emotiva della musica non può e non deve essere cancellata dalle condizioni della *actuosa partecipatio*.

Può essere illuminante, a questo punto, citare un passo di J. Ratzinger: *"Ci sono ormai non pochi uomini che riescono a cantare più "con il cuore" che "con la bocca", ma ai quali il canto di coloro cui è dato di cantare anche con la bocca può veramente far cantare il cuore, in modo che essi cantano, per così dire, anche in quelli stessi; e l'ascolto riconoscente come l'esecuzione dei cantori diventano insieme un'unica lode a Dio"*.[8]

---

[8] J. Ratzinger in "La festa della fede" – Jaca Book, Milano 1984

3. Le funzioni del canto e della musica nella liturgia

Nella Celebrazione Eucaristica il canto esplica sostanzialmente due funzioni: (OGMR n. 37)

a) rito in sé

b) accompagnamento ad un rito.

A questo punto è bene chiarire il significato del termine "rito" liturgico.

Si intende per rito un insieme organico ben strutturato, oppure una sezione vitale di questa struttura (ad es. la liturgia della Parola), oppure anche come segmento di una sequenza (ad es. l'atto penitenziale all'interno dei riti iniziali).[9]

Il canto è rito quando ha in se una funzione celebrativa per cui se non si esegue il canto o si recita il testo o si omette il rito.

Il primo è il caso del Salmo Responsoriale, delle acclamazioni anamnetica e dopo l'embolismo (Tuo è il

---

[9] F. Rainoldi in "Psallite Sapienter", pag. 21 (CLV – Edizioni Liturgiche Roma)

regno ...), l'inno del Gloria, il Credo, il Santo, i dialoghi del celebrante, il canto dopo la Comunione.

Chiaro esempio della seconda ipotesi (omissione del rito) è il Canto al Vangelo (OGMR 63).

Il canto è invece accompagnamento a un rito quando sottolinea, mediante l'unità dei cuori e delle voci, il rito che si sta celebrando, amplificandolo emozionalmente e caricandolo di significato.

Assolvono a questa seconda funzione il canto d'ingresso, il canto all'offertorio, la Litania di frazione (Agnus Dei) e il Canto di Comunione.

CAPITOLO II

FIGURA E RUOLO DEI

MINISTERI MUSICALI

NELLA LITURGIA

Gli attori della Celebrazione Eucaristica sono: l'Assemblea, il Presidente e i ministri, la schola cantorum, il cantore-guida, il salmista, il direttore di coro, l'organista e gli strumentisti. Ognuna di queste figure svolge una funzione ben precisa che gli viene assegnata dai documenti della Chiesa ("Ordinamento Generale del Messale Romano", la Costituzione conciliare "Sacrosanctum Concilium" e l'Istruzione "Musicam Sacram").

«Dal buon coordinamento di tutti - il sacerdote celebrante e il diacono, gli accoliti, i ministranti, i lettori, il salmista, la *schola cantorum*, i musicisti, il cantore, l'assemblea - scaturisce quel giusto clima spirituale che rende il momento liturgico veramente intenso, partecipato e fruttuoso.» (*Chirografo del Sommo Pontefice Giovanni Paolo II per il Centenario del Motu Proprio "Tra le Sollecitudini" sulla Musica Sacra*, n. 8)

a) Assemblea

In virtù del Corpo mistico, ogni celebrazione liturgica non è la riunione di una porzione del popolo di Dio, ma la riunione di tutta la Chiesa.

Quindi i Cristiani, *"popolo radunato"*, che si riuniscono per celebrare il mistero di Cristo, formano l'*Assemblea*, che è la rappresentazione, la manifestazione, modesta e imperfetta, ma reale e vera, della Chiesa, con la sua diversità e unità: un corpo articolato nelle diverse ministerialità saldamente congiunto mediante i vincoli della fede e della carità.

"Le azioni liturgiche non sono azioni private, ma celebrazioni della Chiesa, che è sacramento di unità, cioè popolo santo radunato e ordinato sotto la guida dei Vescovi.

Perciò tali azioni appartengono all'intero Corpo della Chiesa, lo manifestano e lo implicano; i singoli membri poi vi sono interessati in diverso modo, secondo le diversità degli stati, degli uffici e dell'attuale partecipazione" (SC n. 26).

I Ministri, i fedeli, la schola cantorum, il cantore solista, il salmista, l'animatore, l'organista e gli strumentisti, tutti formano l'Assemblea celebrante, tutti sono attori della Celebrazione.

Se dunque il canto è parte integrante della Celebrazione liturgica, e se tutti a vario titolo sono attori della Celebrazione, **tutti** devono sentirsi coinvolti nel *celebrare cantando.*

*"I fedeli adempiono il loro ufficio liturgico per mezzo di quella **piena, consapevole ed attiva** partecipazione che è richiesta dalla natura stessa della Liturgia ed alla quale il popolo cristiano ha il **diritto e dovere** in forza del battesimo"* (MS n. 15).

Però, se da un lato i fedeli "devono" partecipare attivamente con le acclamazioni, le risposte ai dialoghi, la salmodia, le antifone, i canti, le azioni, i gesti, l'atteggiamento del corpo, ecc., dall'altro lato tutto deve essere predisposto in modo tale che sia resa possibile e agevole questa partecipazione.

La "**partecipazione attiva**" dei fedeli all'azione liturgica è la nota più importante e la caratteristica dominante di tutta la Costituzione Liturgica.

Questo argomento ricorre una trentina di volte in tutta la SC e solo nel cap. VI viene ribadito per ben sei volte:

- La Musica Sacra sarà tanto più santa quanto più favorisce l'unanimità (art. 112);

- L'azione liturgica riveste un'azione più nobile quando è celebrata con la partecipazione attiva del popolo (art. 113);

- I pastori di anime curino che in ogni azione sacra celebrata in canto, tutti i fedeli possano dare la propria partecipazione (art. 114);

- Non si esclude alcun genere di musica, purché assicuri la partecipazione attiva del popolo (art. 116);

- Si promuova con impegno il canto popolare religioso (art. 118);

- Si compongano canti che favoriscano la partecipazione attiva di tutta l'assemblea dei fedeli (art. 121).

Paolo VI nel 1972 così diceva:

*"L'obiettivo fondamentale della Riforma Liturgica è la partecipazione attiva nei fedeli nel culto dovuto e reso al Signore. Elemento tra i più indispensabili per raggiungere questa meta è appunto il **canto comunitario**. Il **canto del popolo** deve perciò ritrovare tutta la sua forza e stare al suo posto. Purtroppo non sempre è dato di vedere lo spettacolo meraviglioso di tutta l'assemblea pienamente attiva nel canto.*

Troppe labbra rimangono mute, senza sciogliersi nel canto. Troppe celebrazioni liturgiche rimangono ancora prive di quella mistica vibrazione che la musica autenticamente religiosa comunica alle anime aperte e sensibili dei fedeli".[10]

Tutto ciò comporta:

- che l'assemblea si senta corresponsabile della gestione del canto o della musica all'interno della celebrazione, anche in sede di preparazione;

- che ognuno faccia la sua parte, sia nell'esecuzione che nell'ascolto;

---

[10] Paolo VI, Discorso ai Ceciliani in occasione del centenario perosiano, in Bollettino Ceciliano n. 10 – 1972, pag. 229

- che non sono accettabili certe forme di esibizionismo, anche se involontario, o il monopolio di certi attori della celebrazione, come il coro: *"...non è da approvarsi l'uso di affidare per intero alla sola schola cantorum tutte le parti cantate del Proprio e dell'Ordinario, escludendo completamente il popolo dalla partecipazione al canto* (MS n. 16);

- che la valutazione del repertorio non è quella fatta secondo un'estetica astratta o soggettiva ma si tenga conto delle persone che sono presenti con le loro possibilità e i loro limiti;

- che vi sono diversi modi di partecipare: con il canto (alternato, responsoriale, corale) e con l'ascolto (diretto, indiretto, implicito).

"Non c'è niente di più solenne e festoso nelle sacre celebrazioni di un'assemblea che, tutta, esprime con il canto la sua pietà e la sua fede. Pertanto la partecipazione attiva di tutto il popolo, che si manifesta con il canto, si promuova con ogni cura" (MS n. 16).

L'Istruzione "Musicam Sacram" all'art. 15, parla di tre forme di partecipazione: **interna, esterna** ed **interiore.**

– La partecipazione interna: "*...per essa i fedeli conformano la loro mente alle parole che pronunziano o ascoltano, e cooperano con la grazia divina*". La «interiorità» è condizione basilare per l'accoglienza dell'agire divino in noi, è condizione della verità di adesione della mente a ciò che viene comunicato e donato e a ciò che «si risponde» (pronunciando o ascoltando) nel dialogo salvifico che attualizza il mistero della salvezza. Dio gradisce il culto che viene dal cuore, centro della personalità. In riferimento al canto liturgico possiamo affermare che senza il *canto interiore* gli esecutori vocali rischiano di ridursi a quei *bronzi squillanti* o *cembali che tintinnano* di cui parla S. Paolo nella I lettera ai Corinzi (13,1).

– La partecipazione esterna: "*...con questa manifestano la partecipazione interna attraverso i gesti e l'atteggiamento del corpo, le acclamazioni, le risposte e il canto*". Non è sufficiente l'attività interiore, soprattutto quando si celebra ecclesialmente il memoriale della Pasqua del Signore. Il nostro corpo è la *trasparenza dell'anima:* tanto più profonde sono l'emozione e la convinzione, tanto più tutto il nostro essere vibra e sussulta. Basterebbe pensare al coinvolgimento totale descritto e richiesto dai testi salmici. Il tutto si manifesta nella *coralità* dei comportamenti, dei gesti, dei movimenti rituali; nelle solidali risposte alle interpellanze, nelle compatte acclamazioni di assenso, nella fusione comunionale del vero e proprio cantare: il tutto per dire *di più* di quanto le semplici parole potrebbero esprimere. L'assemblea, e ogni componente di essa, *vengono fatti* anche da ciò che *fanno.*

– La partecipazione interiore. *"Si educhino inoltre i fedeli a saper innalzare la loro mente a Dio attraverso la partecipazione interiore, mentre ascoltano ciò che i ministri o la schola cantano".* Un'attitudine decisiva a servizio della partecipazione interiore è l'ascolto attento. L'educazione all'ascolto del canto e della musica è importante anche per la pacifica integrazione nei riti dell'apporto di tutte le componenti di un'assemblea riccamente strutturata e per il contributo alla conservazione e promozione di quei repertori musicali artistici che richiedono una specializzazione esecutiva. Al Popolo di Dio non sarà possibile accostarli se non con l'accoglienza attenta e piacevole.

Infine l'Assemblea partecipa con il *sacro silenzio*: *"Si osservi anche, a tempo debito, il sacro silenzio ..."* (MS n. 17, OGMR n. 45).

"Il sacro silenzio è esattamente il contrario di un vuoto e del disimpegno. La sua presenza, anzi, è documento di maturità celebrativa; la sua qualità è indice di temperatura spirituale. E', dunque, componente partecipativa primaria e determinante, benché varia sia la tipologia degli spazi silenziosi, per l'assaporamento, la meditazione, la contemplazione ..."[11].

b) Celebrante – Presidente

E' il vescovo o il sacerdote che *"**presiede la santa assemblea in persona di Cristo**"* (MS n. 14). Da questa

---

[11] F. Rainoldi, "Per cantare la nostra fede, Elle Di Ci, Torino 1993

formula del Concilio ripresa dalla Musicam Sacram deriva che:

- il celebrante è **presidente**, poiché è il *primo* di tutta l'assemblea che egli stesso dirige;

- è **capo della preghiera**, poiché è lui che prega a nome di tutti: "*Le preghiere che egli canta o dice ad alta voce, poiché proferite a nome di tutto il popolo santo e di tutti gli astanti, devono essere da tutti ascoltate religiosamente*" (MS n. 14);

- è il **celebrante principale**, in quanto in virtù dell'Ordine sacro egli rappresenta Cristo, capo e mediatore.

Nell'Ordinamento Generale del Messale Romano al n. 93 leggiamo: "*...il presbitero, che nella Chiesa ha il potere di offrire il sacrificio nella persona di Cristo in virtù della sacra potestà dell'Ordine, **presiede** il popolo fedele radunato in quel luogo e in quel momento, ne **dirige** la preghiera, **annuncia** ad esso il messaggio della salvezza, **lo associa** a sé nell'offerta del sacrificio a Dio Padre per Cristo nello Spirito Santo, **distribuisce** ai fratelli il pane della vita eterna e **lo condivide** con loro. Pertanto quando* *celebra l'Eucaristia, deve servire Dio e il popolo con* **dignità** *e* **umiltà***, e nel modo di comportarsi e di pronunziare le parole divine deve far percepire ai fedeli la presenza viva di Cristo".*

Al celebrante spetta quindi il compito di rivolgersi all'Assemblea, invitando, stimolando, provocando la risposta nei dialoghi.

Bisogna però evitare il pericolo di un presidente che monopolizza l'attenzione e non lascia spazio agli altri *attori* della celebrazione.

"Nelle celebrazioni liturgiche ciascuno, ministro o semplice fedele, svolgendo il proprio ufficio, si limiti a compiere tutto e soltanto ciò che, secondo la natura del rito e le norme liturgiche è di sua competenza" (SC n. 28).

Eppure, quante *invasioni di campo* capita spesso di osservare da parte di certi celebranti, quanti tagli si impongono al canto o ad altre ministerialità per dare maggiore spazio a degli interventi spesso inopportuni e fuori luogo!

Per quanto riguarda il canto, il Presidente è il primo animatore musicale della celebrazione: quanti celebranti pretendono che l'assemblea canti ma loro non hanno l'intenzione e non provano a cantare nemmeno un'orazione!

Il servizio di presidenza è una grazia da implorare ed un'arte da conquistare. Non si può improvvisare, non matura spontaneamente; ma pretende una preparazione, una spiritualità ed una tecnica.

*"La Celebrazione Eucaristica non sarà pastoralmente efficace, se il sacerdote non avrà acquisito **l'arte del presiedere**, e cioè guidare e animare l'assemblea del popolo di Dio. Egli, per primo, in spirito di disciplina e di fedeltà alle direttive della Chiesa, dovrà conoscere a fondo lo strumento pastorale che gli è affidato, per trarne, insieme agli altri ministri e animatori della celebrazione liturgica, tutte le possibilità di scelta e di adattamento che le stesse norme prevedono e suggeriscono"* (SC n. 9).

Non si tratta certamente di dover inventare o creare il rito, poiché questo ci è offerto, nella sua struttura, dal Messale e dagli altri libri liturgici, ma si tratta di **ricrearlo**, di **farlo vivo**, di renderlo funzionale alle esigenze per cui è stato creato. Ma per fare questo non basta la tecnica, occorre una **grande fede, una fede illuminante e cosciente**.

"Il rito, come l'arte, è armonia; e l'armonia non si improvvisa. Perché l'armonia non è una caotica sovrapposizioni di suoni, ma una perfetta fusione di voci, di suoni che si richiamano e si completano a vicenda. Così dovrebbe essere il rito: una perfetta fusione di segni, di gesti, di voci, di momenti di ascolto e di momenti di silenzio e di momenti di preghiera corale, sotto la guida di colui che in nome di Cristo presiede l'assemblea. E' questa è l'arte del presiedere. Non un'arte senza fede, non una fede senza arte; ma una fede che si fa arte, un'arte che esprime la fede. Arte e fede, nella celebrazione liturgica, si coniugano insieme. Se vai a monte di certe celebrazioni, opache, sciatte, informi, scopri facilmente che la mancanza d'arte è dovuta ad un vuoto di fede e di preghiera. Se cerchi il movente di certe Preghiere Eucaristiche, biascicate in tono scialbo e incolore davanti ad un'assemblea assente e distratta, trovi che dietro la mancanza d'arte c'è la mancanza di forti convinzioni.

La liturgia è una cosa troppo seria perché la si possa fare in modo qualsiasi. Esige che l'uomo vi impegni la totalità del suo essere e delle sue energie: mente, cuore e fantasia ...Presiederla è compito non di un manovale, ma di un artista".[12]

c) Schola cantorum

La *schola*, fin dall'antichità, ebbe funzioni di attivo sostegno dell'Assemblea, di raccordo con i ministri e di supplenza attiva per le parti più difficili che oggi viene detto cumulativamente *gregoriano*. Quando maturò lo stile polifonico alle *scholae* si affiancarono le *Cappelle*, istituzioni di tipo principesco che aggregavano chierici e laici e agivano nel campo sia liturgico che profano. Dalla fine del Settecento, con la soppressione di varie *Cappelle*, nacquero i *Cori*: i cori di Chiesa furono composti da secolari di sesso maschile, per poter esercitare l'ufficio liturgico. Oggi i cori hanno assunto, praticamente, tutti i

---

[12] Guerrino Orlandini in "Date al Signore splendida lode" – Elle Di Ci, Torino 1987

ruoli antichi, compreso quello delle *Scholae cantorum*, per cui i tre termini sono sicuramente assimilabili, anche se la dicitura "*Schola*" sembra essere la preferita nei documenti ecclesiali.

"*E' degno di particolare attenzione, per il servizio liturgico che svolge, il «coro» o «cappella musicale» o «schola cantorum» ...si abbia e si promuova con cura, specialmente nelle cattedrali e altre chiese maggiori, nei seminari e negli studentati religiosi*". Ed ancora: "*Scholae, benchè modeste, è opportuno istituirle anche presso le chiese minori*"(MS n. 19).

Si noti come l'Istruzione Musicam Sacram, riprendendo l'art. 114 di SC, insista sulla formazione e sulla promozione delle scholae, chiarendo l'equivoco, che si stava diffondendo subito dopo il Concilio, della soppressione dei cori a favore della partecipazione attiva dei fedeli. E' stata tanta e tale quest'aberrante propaganda contro le Scholae Cantorum da fare intervenire il *Consilium* nella persona del Card. Lercaro che inviò una lettera ai presidenti delle Conferenze Episcopali che diceva:

"*Alcuni pensano che, con la restaurazione liturgica, i cori sono diventati inutili e sorpassati, e che si può tranquillamente sopprimerli. Di fatto, in alcune cattedrali o collegiate, il coro è stato soppresso. E' un grave errore di principio. Se si vuole che l'assemblea liturgica sia veramente iniziata, guidata, educata al canto, il coro è indispensabile. Questo ha la sua parte propria da eseguire, aggiungendo così all'ufficio una nota di solennità e di bellezza nell'ambito del canto, guidandoli e sostenendoli nelle parti che sono loro proprie*".[13]

Esaminiamo adesso i compiti che la riforma liturgica ha affidato alla schola cantorum.

"*Tra i fedeli esercita un proprio ufficio la schola cantorum o coro, il cui compito è quello di eseguire a dovere le parti che le sono proprie, secondo i vari generi di canto, e promuovere la partecipazione attiva dei fedeli nel canto*" (OGMR n. 103).

---

[13] Lettera del *Consilium ad exsequendam Costitutionem de Sacra Liturgia* ai Presidenti delle Conferenze Episcopali, 25 gennaio 1966, n. 4

Riprendendo quanto aveva già affermato la SC (art. 29) e l'Istruzione Musicam Sacram (art. 19) l'Ordinamento del Messale Romano asserisce chiaramente che la schola esercita un vero e proprio ufficio liturgico. I compiti che le sono stati affidati dalla riforma liturgica sono molto più vasti e impegnativi di quelli che aveva in precedenza; si possono riassumere in due punti:

1. *"eseguire a dovere le parti che le sono proprie, secondo i vari generi di canto"*;

2. *"favorire la partecipazione attiva dei fedeli nel canto"*.

1. La schola ha il diritto/dovere di eseguire le parti sue proprie, cioè quelle parti che risulterebbero difficili per il popolo, o quelle durante le quali i fedeli compiono un'azione.

   L'Istruzione MS dice ancora che la schola, deve eseguire le parti che le spettano *secondo i vari generi di canto*. Tutti i documenti ufficiali per "vari generi di canto" intendono, oltre il canto gregoriano, anche la polifonia sacra antica e moderna.

   La Costituzione SC dice all'art. 116: "...*Gli altri generi di Musica Sacra,* (oltre il canto gregoriano) *e,*

specialmente, la polifonia, non si escludono affatto
dalla celebrazione dei divini Uffici, purché rispondano
allo spirito dell'azione liturgica, a norma dell'art. 30"
(cioè senza escludere totalmente la partecipazione
dei fedeli).

2. Il secondo, e più importante, compito della schola è
    "favorire la partecipazione attiva dei fedeli nel canto".
    Il vero onore della Schola proviene principalmente
    dall'ossequiante obbedienza a questo mandato. E'
    evangelicamente grande quando si comporta "come
    colui che serve". Non le sarebbe possibile offrire al
    Signore un culto gradito se volesse realizzare solo
    delle esecuzioni "solistiche" (anche se di gruppo),
    magari artisticamente ineccepibili e umanamente
    gratificanti, trascurando le esigenze partecipative
    della Celebrazione. I vescovi Italiani nella Nota
    Pastorale "Il rinnovamento liturgico in Italia"
    ribadiscono: *"Si curi che il coro, pur svolgendo la sua*
    necessaria funzione di guida, coinvolga l'intera
    assemblea in una più attiva partecipazione" (n. 14).

Questo compito di guida e di coinvolgimento dell'assemblea esclude chiaramente l'appropriazione da parte del coro delle prerogative proprie dell'assemblea.

Quando, cioè, la Schola si sostituisce all'assemblea e la invade in quello che le spetta, essa perde il suo scopo ed il motivo per cui essa è nata ed esiste.

Invece, la schola, proprio perché è costituita da persone che hanno ricevuto il dono (carisma) di una voce più bella e sicura e quindi persone più preparate, più esperte ed esercitate nel canto, deve sentire come sua missione quella di sostenere e guidare l'assemblea, affinché questa raggiunga meglio e più agevolmente la sua profonda e attiva partecipazione alle celebrazioni attraverso il canto.

E' proprio in vista di questi compiti che le Scholae non possono essere considerate istituzioni "facoltative". Esse sono dunque necessarie sia nella Cattedrali, sia nelle Chiese minori, così come dice opportunamente l'art. 19 di MS.

"L'assemblea deve essere grata ed orgogliosa per la presenza della Schola. Essa ne costituisce l'avamposto esemplare, il gioiello vivo. La schola, a sua volta, onora l'assemblea di cui è parte, attivandone le potenzialità vocali, favorendo la fusione comunionale degli animi, immettendola in atmosfere di bellezze, di luce e di calore".[14]

La schola può favorire questa partecipazione dei fedeli nel canto in vari modi:

1) **cantando insieme all'assemblea.** Questo può avvenire cantando all'unisono con essa per sostenerne la melodia di un canto; oppure arricchendo tale melodia con una elaborazione polifonica adatta.

2) **alternandosi con l'assemblea.** In questo caso la schola funge anche da modello per l'assemblea, sia per l'intonazione, sia come ritmo. La maniera più utile e più nobile è l'alternarsi nella forma *antifonica*: la schola propone un

---

[14] F. Rainoldi, Per cantare la nostra fede, Elle Di Ci, Torino 1993

ritornello (*antifona*) che poi sarà ripetuto da tutta l'assemblea e si alterna cantando i versetti di un salmo in polifonia.

3) **cantando da sola.**

- La schola canta da sola nei brani che non prevedono la partecipazione dell'assemblea, la quale partecipa mediante l'ascolto. In questo caso l'assemblea si esprime attraverso il coro, che diventa voce qualificata dell'assemblea stessa.

- La schola canta da sola quando l'assemblea non è in grado vocalmente di svolgere un dato rito. In questo caso deve aiutare, con l'esempio, i fedeli a crescere in questa partecipazione vocale ed attiva.

- La schola canta da sola per dare maggiore solennità alle feste. E' innegabile che il popolo sente meglio che è festa quando il coro interviene con canti più impegnativi. Questo deve, comunque, avvenire senza ridurre l'assemblea al silenzio completo.

Questi compiti potranno essere realizzati meglio se tutti i componenti la Schola cantorum tengono presente ed osservano quanto i Vescovi italiani suggeriscono nella Nota Pastorale sopra citata: *"...è necessario che essi prestino la loro opera con competenza e con interiore adesione a ciò che fanno. Nell'esercizio del loro **ministero** essi sono segni della presenza della presenza del Signore in mezzo al suo popolo. Con la molteplicità e nell'armonia dei loro servizi ...essi esprimono efficacemente l'unità di fede e di carità che deve caratterizzare la comunità ecclesiale, a sua volta segno e sacramento del mistico corpo di Cristo".*[15]

Questo importante passo della Nota pastorale dei Vescovi italiani puntualizza quanto segue:

➢ La necessità di possedere una sufficiente *"competenza"* comporta un continuo sforzo per essere sempre più preparati a svolgere il proprio servizio in modo che sia degno del Signore, a cui

---

[15] Conferenza Episcopale Italiana – Il rinnovamento liturgico in Italia, 1983 n. 9.

viene rivolta la preghiera, e rispettoso verso i fratelli a cui si vuole offrire un aiuto a pregare meglio.

➤ Riguardo all'espressione *"interiore adesione a ciò che fanno"*, ogni singolo cantore deve prendere coscienza che il suo canto è prima di tutto preghiera e quindi esige un profondo raccoglimento interiore e un umile atteggiamento di fronte a Dio. Questo impegno richiede una buona preparazione liturgica: preparazione interiore, anzitutto perché il cuore sia disposto alla preghiera; preparazione anche esteriore, in modo che cantori, strumentisti e ogni altro animatore svolgano il loro compito preoccupati principalmente del servizio di lode e non invece esclusivamente degli aspetti tecnici.

➤ L'*"essere segni della presenza del Signore in mezzo al suo popolo"* richiede a tutti i cantori che il loro atteggiamento si manifesti in una vita Cristiana improntata *"all'unità di fede e di carità"* con la propria comunità ecclesiale.   E poiché *"il servizio liturgico è una testimonianza che va continuata e confermata nella vita di ogni giorno"*, ogni cantore è chiamato a completare il suo ministero con un effettivo *"impegno nelle diverse attività in favore della comunità ecclesiale e umana"*.[16]

Un'ultima considerazione ci viene suggerita dall'Istruzione MS: **il posto della Schola.**

"La schola cantorum, tenendo conto delle disposizioni di ogni Chiesa, sia collocata in modo che:

a) *chiaramente appaia la sua natura: che essa cioè fa parte dell'assemblea dei fedeli e svolge un suo particolare ufficio;*

b) *sia facilitata l'esecuzione del suo ministero liturgico;*

c) *sia assicurata a ciascuno dei suoi membri la comodità di partecipare alla Messa nel modo più pieno, cioè, attraverso la partecipazione sacramentale".* (MS n. 23)

Anche la OGMR al n. 312 riprende, data la sua importanza, questo articolo.

Il posto riservato alla schola deve mettere chiaramente in risalto la natura della schola stessa: essa è porzione

---

[16] Conferenza Episcopale Piemontese – I cori nella Liturgia , Elle Di Ci, Torino 1988

del Popolo di Dio, parte di un insieme che è l'assemblea, sebbene distinta per il tipo di servizio.

In altre epoche le Scholae furono collocate lontane dall'assemblea: relegati in artistici cori dietro un altare monumentale, oppure in tribune dentro l'area presbiteriale, oppure sistemate in fondo alla Chiesa, sopra l'ingresso principale.

Oggigiorno si pone il problema di una collocazione che sia insieme funzionale e logistica. La più opportuna sembra quella più conforme alla tradizione antica, quando la schola (sebbene allora composta solo da clericali) faceva da ponte tra presbiterio e navata.

Anche l'architettura delle moderne Chiese deve tener conto di questa importante esigenza, quella, cioè, di assecondare i compiti funzionali della schola o del coro. Nelle Chiese di tipo tradizionale occorre studiare, caso per caso, le soluzioni più plausibili.

Il paragrafo c) dell'art. 23 ci da una precisazione molto importante. La partecipazione piena per i cantori, come per tutta l'assemblea, consiste nella Comunione sacramentale al Corpo del Signore. Essa deve avvenire nella stessa Celebrazione assieme agli altri fratelli, al momento giusto. Il posto della Schola deve permettere un agevole accesso al banchetto Eucaristico.

E' da considerarsi illegittimo il differimento della distribuzione della Comunione ai cantori perché cantano da una tribuna lontana o da un altare laterale o, ancor peggio, per esigenze di trasmissioni televisive o minutaggi cronometrici.

d) Il cantore – guida

Il cantore è un rappresentante della schola, quando l'intero gruppo non può essere presente o addirittura manca ad una comunità che celebra. Questa figura è delineata chiaramente dall'art. 21 di MS:

"Si provveda specialmente dove non si abbia la possibilità di istituire neppure una «Schola» modesta, che ci siano almeno uno o due cantori, convenientemente istruiti, che propongano almeno dei canti semplici per la partecipazione del popolo e guidino e sostengono

opportunamente i fedeli nell'esecuzione di quanto loro spetta.

E' bene che ci sia un tale cantore anche nelle chiese che hanno una «Schola», per quelle celebrazioni alle quali la «Schola» non può partecipare, e che tuttavia devono svolgersi con una certa solennità, e perciò con il canto".

Il ruolo del cantore-guida, come si evidenzia nel testo dell'Istruzione, è quello di favorire, guidare e sostenere il canto dell'assemblea.

Se vi è la possibilità di avere più cantori, come il testo suggerisce (*almeno uno o due cantori*), è ancora meglio, poiché si evidenziano con correttezza i vari ruoli specifici.

Il cantore è un vero ministro dell'assemblea e si richiede pertanto una specifica preparazione (non improvvisazione).

La funzione del cantore appare più evidente se si considerano i vari interventi che lo vedono coinvolto in prima persona. Anche se il testo dell'Istruzione non redige un elenco di tali interventi, la prassi liturgica e l'insieme dei documenti aiutano a formularlo realisticamente.

Il cantore interviene per:

- intonare i canti dell'assemblea;

- la più piena celebrazione dei riti che supportano o richiedono il canto, come ad esempio l'atto penitenziale nella forma tropata, il versetto alleluiatico prima del Vangelo ecc. ...;

- l'esecuzione dei versetti intercalari nei brani a struttura antifonica;

- il canto delle strofe di inni con ritornello fisso;

- l'esecuzione di particolari frasi significative o impegnative all'interno di forme musicali complesse, come un Tropario, un inno libero come il Gloria;

- il canto del salmo responsoriale, ma solo eccezionalmente perché sia chiara la distinzione tra cantore e salmista. Il salmista, infatti, deve essere considerato ministro *"dalla parte del presbiterio"*, cioè a servizio della Parola, dono Divino e *"discendente"* nella dinamica comunicativa della Celebrazione. Il cantore, invece, è un ministro dell'Assemblea e per l'Assemblea, più collegato al movimento "ascendente" della Liturgia, con funzione cultuale.

A volte nelle nostre comunità il ruolo di "cantore" si identifica con quello di "animatore": possiamo benissimo affermare che non ci sono ragioni di "teologia liturgica" che sconsiglino l'assommarsi dei due ruoli, (anzi spesso i documenti ufficiali li fondono nel termine "cantore" o "maestro di coro"), ma ragioni pratiche ne suggeriscono la distinzione. Quando è possibile, l'animatore affida gli interventi cantati ad altri (al cantore-guida), mentre egli si concentra tutto sui suoi compiti che sono veramente delicati ed impegnativi.

e) Il salmista

Non può certamente essere dimenticata la ministerialità del salmista.

Nell'antichità era un ruolo molto importante e ben individuato; con il passare degli anni lo si è perso.

*"L'intuizione sottesa è che il proporre all'ascolto riverente e all'assimilazione orante i salmi, tanto nel celebrare la Parola quanto nel salmodiare, sia **un'azione ministeriale, un servizio teologale** e non semplicemente funzionale, come del resto lo è il ruolo del lettore".*[17]

Il compito principale è quello di cantare il salmo responsoriale, come esplicita molto bene il n. 102 di OGMR: *"E' compito del salmista proclamare il salmo, o un altro canto biblico, che si trova tra le letture. Per adempiere convenientemente il suo ufficio, è necessario che il salmista possegga l'arte del salmodiare e abbia una buona pronuncia e una buona dizione".*

Compito, quindi, molto impegnativo che richiede preparazione sia tecnico-vocale sia di "recitazione" del testo salmodico: non è un momento di "esibizionismo canoro", come purtroppo lo si vive in certe comunità o in certe Celebrazioni cosiddette "importanti", è un momento di alta spiritualità in cui, attraverso un canto

---

[17] E. Costa in "Celebrare cantando" – Ediz. San Paolo, 1994

improntato a sobria espansione lirica, tutta l'assemblea prega con il salmista.

San Giovanni Crisostomo scriveva: *"Colui che salmeggia, salmeggia da solo e se tutti rispondono, le loro voci escono come da una sola bocca".*

Un buon salmista introduce anche il salmo del giorno, indicandone la coerenza con la lettura che precede, di cui è la risonanza.

Il canto dei versetti del salmo, nei repertori attuali, va dai recitativi più elementari a quelli più ornati; bisognerebbe evitare però di ricorrere a forme già prefabbricate "buone a tutto", ogni salmo dovrebbe avere un suo commento musicale adeguato.

f) Gli strumentisti

La Chiesa dei primi secoli ha, a lungo, diffidato dell'inserimento di strumenti musicali nella Liturgia. La preminenza andava data alla parola e al canto e quindi gli strumenti erano un rischio perché compromessi con un uso lontano dallo spirito cristiano (guerre, giochi crudeli, feste pagane). Le Chiese dell'Europa Occidentale hanno finito per accettare che gli strumenti (specie l'organo o gli strumenti a fiato) prima si unissero alle voci, poi guadagnassero via via sempre più autonomia.

La funzione degli strumenti nella Liturgia rinnovata è di due tipi:

a) Accompagnare il canto dell'assemblea, del coro e dei solisti;

b) Eseguire musica di solo ascolto, quando il rito lo consente e lo esige.

Gli strumenti, con il loro considerevole impatto sonoro, possono dare grande rilievo al canto e al rito, così da essere elementi fra i più efficaci di una festa.

In certe situazioni particolarmente ampie e solenni, l'intreccio fra coro, assemblea, preludiare degli strumenti, ripresa di interludi strumentali, possono creare un vero canto-rito dove sia il canto sia la musica fanno parte integralmente dell'evento che si svolge.

Sarebbe auspicabile assumere, con le dovute cautele e gli opportuni filtri, la pratica odierna di grandi eventi pubblici in cui domina il "concertare", l'avvolgere l'insieme dell'avvenimento (liturgico nel nostro caso) con una saggia e vivace regia sonora.

CAPITOLO III

LE FORME DELLA MUSICA

LITURGICA

Se è vero che la musica deve essere assoggettata al testo per esaltarlo, amplificarlo, dargli il giusto peso all'interno della struttura rituale della celebrazione, il compositore di musica liturgica deve porsi il problema, di non agevole soluzione, della "forma". Ogni musica, ogni canto composto per la Liturgia deve rispondere a determinati criteri compositivi e formali affinché la musica possa adempire alla sua specifica funzione.

La forma è quindi la struttura d'insieme (schema formale) che fa da supporto appropriato a determinati gesti rituali sonori. Quando si è in presenza di testi non facoltativi il loro "genere letterario" esercita un influsso determinante nella strutturazione della forma.[18]

Si elencano adesso tutti quei gesti celebrativi che in qualche modo si avvalgono di una mediazione sonora-musicale, o che la esigono necessariamente.

---

[18] F. Rainoldi "Psallite sapienter", pag. 28

Dialoghi. Nella Liturgia Eucaristica, le funzioni che i dialoghi assumono sono di simbologia liturgica e di funzionalità celebrativa. Più in dettaglio:

- interscambio con il Presidente, che rappresenta il Signore, Capo del suo Corpo;
- "contatto" che inizia e tiene viva la comunicazione e intensifica la Comunione;
- espressioni di una multiforme diaconia rituale (istruzioni, esortazioni, benedizioni).

I dialoghi possono essere musicati con elementi di intonazione (corde) e con un ritmo fedele al testo.

Monizioni. Erano molto più frequenti nell'antichità. Consistevano in richiami fatti dai ministri (con o senza risposta dell'assemblea): ad es. *Silentium habete, State cum disciplina et cum silentio, offerte vobis pacem* ...Ve ne sono ancora presenti nella liturgia rinnovata e sono prevalentemente affidate al diacono (ad es. l'invito ad inginocchiarsi, se non è giorno di Domenica, quando è previsto il canto delle Litanie dei Santi).

Dichiarazioni. Sono gesti verbali che manifestano con vigore una convinzione o un impegno senza assumere necessariamente una precisa intonazione musicale. Si pensi al consenso degli sposi: *"Io ...prendo te ..."*; all'adesione assembleare alla professione di fede nel rito del battesimo: *"Questa è la nostra fede ..."*; nelle ordinazioni: *"Con l'aiuto di Dio, lo voglio"*; la prima parte del *Confesso* che è una dichiarazione di colpa e anche *"O Signore non sono degno ..."*.

Acclamazioni. Sono espressioni di ratifica, di giuramento, consenso entusiastico o dissenso convinto. Qui assume particolare importanza il gesto da porre in essere più che il testo da pronunciare. Richiedono, dal lato formale, concisione e forza ritmica, da parte dei soggetti invece: convinzione ed emozione interiore.

Si possono distinguere in:

- acclamazione/jubilus: *alleluia, osanna, Kyrie* fiorito ...
- acclamazione/inno: *Santo, formule dossologiche,* ...
- assenso/consenso: *Amen, Deo gratias* ...

- dissenso: *Rinuncio ...*
- grido: *Verbum Domini, Lumen Christi ...*

Proclamazioni. Si possono considerare, teologicamente, come *discesa* della Parola di Dio, mediante l'annuncio. Si va dalla cantillazione ai recitativi e ai toni.

La proclamazione antica, insegnata nelle scuole di retorica, partiva dalla funzione primaria di sonorizzazione della parola in vista di convincere l'uditorio e avveniva con modalità che noi diremmo già altamente rituali. Oggi, invece la proclamazione in canto dei testi sacri, ad alcuni, sembra fare qualche problema per l'eccessiva distanza comunicazionale. Bisogna far percepire a chi proclama, la diversità dei messaggi e di conferire loro una dignità comunicativa. Ciò implica grande attenzione e rispetto ai generi letterari e alle forme/figure retoriche iscritte nei testi.

Preghiere. Hanno la difficile funzione di "contatto" con Dio, Presente/Assente.

Le forme principali di tipo solistico, affidate al Presidente dell'assemblea, sono: la Colletta, la proclamazione lirica del Prefazio, le grandi benedizioni, la Prece Eucaristica. Questi gesti oranti, obliquamente, hanno come destinataria indiretta, l'Assemblea celebrante, davanti alla quale e in nome della quale il Presidente si indirizza a Dio.

Vi sono inoltre le preghiere collettive quali il Padre nostro, il Confesso (seconda parte) e anche il testo della Professione di fede.

Litanie. Costituiscono forse la più antica forma di canto rituale. Si tratta di gesti che si caratterizzano per una struttura formale e acclamatoria binaria e ripetitiva, ma con funzione rituale di umile supplica.

I formulari, classici ancora in uso, prevedono delle varianti testuali e melodiche secondo le situazioni o le circostanze, che possono essere:

- celebrazioni di sacramenti (Battesimo, Ordine sacro nei tre gradi)

- dei riti "sacramentali" come la Consacrazione delle Vergini, la Professione Religiosa, la Dedicazione della Chiesa ...
- riti vari, come suppliche straordinarie, processioni ...

Salmodie. I Salmi rappresentano il più importante e ampio materiale testuale del canto liturgico. Essi svolgono una molteplicità di funzioni. Fra i più rilevanti canti che si avvalgono della salmodia vi è il gesto di interiorizzazione della Parola (Salmo responsoriale). Collegati alla salmodia antica sono da considerarsi la maggior parte di quei brani che sono le *antifone*, e ancora la recente riscoperta di brani chiamati *Tropari*.

Innodia. E' l'elaborazione lirica dei messaggi, per una forte comunicazione, specie se di natura festiva e di coinvolgimento comunitario. Dell'inno sono componenti di pari importanza, un testo e una melodia.
Possono distinguersi in:
- inni con funzione impressiva del testo − gesto (interiorizzante);

– inni con funzione espressiva (esteriorizzante).

Accanto agli inni classici, liberi o metrici della Liturgia tradizionale, possono classificarsi quali facenti parti di questa forma anche i corali della Riforma protestante, i *Kirchenlied* luterani.

Gli inni possono essere eseguiti monodicamente, ma anche con un'armonizzazione polifonica accordale oppure contrappuntistica.

Sono infine da assimilare all'innodia parecchie *laudi devote* (canti religiosi popolari), che sono servite per la pietà popolare e che ancora in parte sopravvivono.

Canti di accompagnamento ad un rito. La distinzione è fatta dal n. 37 dell'Ordinamento Generale del Messale Romano e se ne è già parlato nel n. 3 del presente lavoro; si può solamente aggiungere che si tratta di brani collegati con movimenti processionali dell'assemblea o del celebrante con i ministri. Sono canti che hanno la caratteristica di essere "mediati" (anche visivamente) da un'azione, al cui servizio vengono eseguiti. Quindi si può benissimo osservare che l'insieme gestuale prevale sulla comunicazione del messaggio: esso però viene percepito nella sua interezza e potenziato dal contesto.

Jubilus. Si tratta di un *"festoso fiorire della vocalità pura su una sillaba"*[19], di natura solistica, molto presente nei repertori liturgici dal gregoriano fino all'Ottocento.

Oggi è quasi in disuso nei canti liturgici che adottano le lingue vive, anche se sarebbe auspicabile abbandonare, in certi passaggi, il rigido trattamento sillabico delle parole per un fluire della melodia meno inquadrata in uno schema ritmico vincolante.

Musica strumentale. Gli strumenti hanno la funzione primaria di accompagnare i canti dell'assemblea e della schola.

Accanto a questo ruolo fondamentale, gli strumenti possono eseguire una propria musica in modo indipendente dalle voci, che comporta, da parte

---

[19] F. Rainoldi, idem pag. 42

dell'assemblea, un tipo di ascolto "indiretto" o "mediato" e non invece "diretto" di tipo concertistico.

In questo caso gli strumenti hanno la funzione di:

– fare da preludio o postludio (ridondanza) a un canto assembleare;

– sostenere, accompagnare o abbellire un rito;

– funzionare da sfondo ambientale, creare cioè un'atmosfera, che mediante un ascolto, ancora una volta, "indiretto", costituisce un'immersione in una esperienza volutamente studiata e programmata.

Silenzio. E' essenziale al linguaggio musicale ma anche al fluire della Celebrazione: *"Si deve anche osservare, a suo tempo, il sacro silenzio, come parte della celebrazione"* OGMR n. 23 (Si veda anche SC n. 30 e MS n. 17).

Il silenzio si alterna con il suono o con il canto per far assaporare meglio la parola e il messaggio in essa contenuto.

Attenzione al silenzio che è solo "mutismo", incapacità o rifiuto di comunicare, al silenzio inteso solo come assenza di musica e di canto.

CAPITOLO IV

LA CELEBRAZIONE IN CANTO

DELLA LITURGIA EUCARISTICA

Concetto di solennità.

Il concetto di solennità è stato quello più dibattuto dai Padri Conciliari durante la stesura della Costituzione Conciliare.

Fino al Concilio, infatti, la Messa si distingueva in due classi: Messa cantata (in cantu) e solenne e Messa letta.

"Si chiama Messa cantata se il sacerdote celebrante canta effettivamente le parti che le rubriche prevedono che siano cantate: altrimenti si chiama letta. Se la Messa cantata si celebra con l'assistenza dei sacri ministri, si chiama Messa solenne; se si celebra senza ministri sacri, si chiama Messa cantata"[20].

"La Messa solenne rappresenta la forma più nobile della celebrazione liturgica, nella quale la solennità dei riti, i ministri e la musica sacra manifestano la magnificenza dei divini misteri e inducono gli spiriti degli assistenti ad una pia contemplazione di questi stessi misteri. E' necessario dunque sforzarsi perché i fedeli stimino questa

---

[20] Istruzione sulla Musica sacra e sacra liturgia (1958) – n. 3

forma di celebrazione come si deve e vi partecipino come è necessario"[21].

La Costituzione Sacosanctum Concilium rivoluziona questo concetto di solennità, abolendo la distinzione tra Messa cantata e Messa letta aprendo così una uova era per la Musica Sacra. L'art. 113 della SC, molto dibattuto, ed oggetto di molte elaborazioni e ripensamenti, approvato quasi all'unanimità (2.106 Placet e 13 Non Placet), proclama: *"L'azione liturgica riveste una forma più nobile quando i divini Uffici sono celebrati solennemente in canto, con i sacri ministri e la partecipazione attiva del popolo".*

Quindi condizione necessaria è quella dell'intervento partecipativo del popolo; partecipazione da intendere in senso pieno cioè mediante il canto organicamente integrato ai riti. Inoltre con il richiamo ai *sacri ministri* non va inteso secondo il significato precedente, bensì in un ottica più ampia (la presenza del salmista, dei lettori, del cantore-guida ecc.).

---

[21] Istruzione sulla Musica sacra e sacra liturgia (1958) – n. 26

Il concetto è ripreso dall'art. 5 di MS e rafforzato dall'art. 16: *"Non c'è niente di più solenne e festoso nelle sacre celebrazioni di un'assemblea che, tutta, esprime con il canto la sua pietà e la sua fede".*

Il gesto del cantare è vero elemento di solennità e di gioia, espressione dell'unità del cuore e dello spirito, unità del credere e dell'amare. I Padri della Chiesa, più volte, esaltano la bellezza dell'assemblea unita nella lode e nella supplica. La riforma liturgica vuole porre un fruttuoso ritorno alle antiche "tradizioni".

"Nella celebrazione dell'Eucaristia, con la partecipazione del popolo, – dice l'art. 27 dell'Istruzione SC - *specialmente nelle domeniche e nei giorni festivi, si preferisca, per quanto è possibile, la forma della Messa in canto anche più volte nello stesso giorno".*

Questa precisazione nasce dalla consuetudine, più o meno diffusa in alcune comunità parrocchiali, di celebrare una sola "Messa cantata" nel giorno di Domenica o nelle feste, e di relegare le altre Celebrazioni a Messe frettolose con un clima di sopportazione assecondando così la "cultura del precetto" del "pagare una tassa".

Si esige, invece, che in tutte le Messe che si celebrano nei giorni festivi sia assicurata la forma gioiosa e partecipata di tutte le Assemblee eucaristiche, perché appaia chiaramente l'importanza e la natura del giorno del Signore.

Riguardo alla forma esteriore della solennità, l'art. 11 di SC precisa: *"Si tenga presente che la vera solennità di un'azione liturgica dipende non tanto dalla forma più ricca del canto e dell'apparato più festoso delle cerimonie, quanto piuttosto dal modo degno e religioso della celebrazione, che tiene conto dell'integrità dell'azione liturgica, dell'esecuzione cioè di tutte le sue parti, secondo la loro natura. ..."*.

Fino al Concilio Vaticano II il discorso musicale poneva l'accento sul tipo di repertorio e sull'apparato esecutivo: la ricchezza musicale coincideva con l'azione celebrata, donandole un volto fastoso, "solenne" appunto, anche senza la determinante cura di una perfetta "integrazione".

Qui, invece, il termine "solennità" sembra distanziarsi da tutti quei termini come: "splendore", "apparato festoso", "decoro", "ricco ornamento". Non che tutto ciò sia sempre con connotazione negativa, solo che la *vera solennità* non è questa. Anzi potrebbe risultare coperta come da un paravento.

La *vera solennità* nasce dall'esecuzione di tutte le parti dell'azione liturgica nella loro integrità, usando tuttavia il genere e la forma richiesti dallo loro natura.

"... una Messa parrocchiale di una comunità volenterosa e fedele ai valori profondi, benchè povera di possibilità musicali, può essere più solenne di celebrazioni spettacolari, fascinose, ricche di apparati tali da attirare l'attenzione della cronaca e i consensi della critica".[22]

Fedeltà al rito e alla sua natura

La Costituzione SC all'art. 28 dice: *"Ciascuno, ministro o semplice fedele, svolgendo il proprio ufficio, si limiti a compiere tutto e soltanto ciò che, secondo la natura del*

---

[22] F. Rainoldi in "Per cantare la nostra fede" - Elle Di Ci 1993, pag. 40

rito e le norme liturgiche, è di sua competenza". Questo concetto verrà ripreso e ampliato dall'art. 6 dell'Istruzione MS, che aggiunge: *"Per questo è necessario in particolare che le parti, che di per sé richiedono il canto, siano cantate, usando tuttavia il genere e la forma richiesti dalla loro natura"*.

Siamo di fronte a un concetto veramente importante per il canto liturgico.

Si tratta di tenere presenti tre aspetti che sono fondamentali per la genuinità dei riti liturgici:

a) *La debita divisione ed esecuzione degli uffici.*

La liturgia è azione sacra dell'intero popolo di Dio, gerarchicamente strutturato; ciò significa che la partecipazione deve essere ordinata. Non ci può essere concorrenza tra un ministro e un altro. Ma tanto meno rinunce o abdicazioni.

La schola non può cantare tutto da sola usurpando parti dell'assemblea o di un qualsiasi ministro (diacono, salmista ecc.); il cantore dovrebbe solo eccezionalmente essere pure salmista, l'animatore del canto non coincide con il solista. A ognuno la propria parte, il proprio ufficio.

b) *Il rispetto della natura di ciascun intervento.*

Bisogna rispettare l'identità fondamentale dei singoli gesti rituali: i canti hanno ciascuno un senso e una natura propria, all'interno del rito o della sequenza rituale in cui sono collocati.

Prima di tutto un canto non si dovrebbe mai «leggere». Ciò vale per tutti quegli interventi che esigono una forma cantata, ma soprattutto per quelli in cui la carica emotiva ed espressiva è determinante, come nel caso delle acclamazioni o delle antifone processionali. Ed è per questo motivo che OGMR n. 63c dice: *"L'alleluia e il suo versetto, se non si cantano, si possono tralasciare"*. Diverso è invece il caso del Salmo responsoriale, che esigerebbe per la sua natura il canto, ma, se non è cantato, si deve leggere perché fa parte della Liturgia della Parola.

Fra il "cantato" e il "parlato" poi vi sono modalità espressive e vocali intermedie (cantillazione, recitativi, toni) che la liturgia può e deve recuperare.

c) *L'adeguazione alla forma richiesta da ciascun rito cantato.*

Già Pio X nel suo *Motu Proprio* si preoccupava della forma delle sacre composizioni. Affermava: *"Diverso è il modo di comporre un introito, un graduale, un'antifona, un inno, un Gloria in excelsis Deo, ecc.".*

Il rispetto della funzione di ogni gesto che si compie in canto ha fatto scaturire la nascita delle forme musicali nella liturgia. Non può bastare "eseguire una melodia" ma piuttosto ci si deve sforzare (mentre si canta) a supplicare, professare la fede, meditare, rispondere pertinentemente, aderire ad un evento, ecc. Si tratta quindi di "agire" con coinvolgimento; e la perfetta osservanza delle forme musicali può aiutare l'assemblea, il coro, il cantore a sentirsi partecipe a quello che sta celebrando.

Gradualità.

Il concetto di gradualità è introdotto per la prima volta dall'Istruzione MS (art. 7) ed è dettato dalla difficoltà pastorale da parte delle Parrocchie o delle Comunità dotate di pochi mezzi o assistite da celebranti poco portati (o inclini) al canto, di eseguire tutte le parti che per natura esigono il canto.

"Tra la forma solenne più completa delle celebrazioni liturgiche, – dice l'art. 7 di MS – *nella quale tutto ciò che richiede il canto viene di fatto cantato, e la forma più semplice, nella quale non si usa il canto, si possono avere diversi gradi, a seconda della maggiore o minore ampiezza che si attribuisce al canto..."*

Si pone fine al regime cerimonialistico che imponeva che tutte le parti fossero effettivamente cantate quando si metteva in atto quella tipologia rituale chiamata "Messa cantata". Si comprende come, ai giorni nostri, sia difficile intonare i dialoghi, le parti presidenziali e tutte le parti "proprie" di ogni formulario. Si ripiegherebbe sicuramente sul tipo di "Messa letta", semmai infarcita di canti cosiddetti "extraliturgici".

A questa difficoltà pastorale viene incontro il nostro art. 7 che ci dice quali devono essere i vari *gradi di partecipazione* (o più correttamente *forme di celebrazione*):

-   Il **primo grado** comprende i dialoghi del celebrante con l'assemblea e le parti che devono essere cantate dal sacerdote insieme con il popolo (*Sanctus* e *Pater noster*).

-   Il **secondo grado** comprende le parti dell'Ordinario (ad eccezione del Sanctus già inserito nel primo grado) e la preghiera dei fedeli.

-   Il **terzo grado** comprende i canti processionali d'ingresso e di comunione, il salmo responsoriale, l'*Alleluia* prima del Vangelo, il canto all'offertorio, le letture della Sacra Scrittura, a meno che non si reputi più opportuno proclamarle senza canto.

Si trova stranamente elencato nel terzo grado anche l'*Alleluia*. Vi sarà l'intervento rettificatore di OGMR che suggerisce che l'*Alleluia* sia sempre cantato, tanto che quando non si canta è possibile ometterlo.

Adattamento

"L'istruzione MS è «possibilista» nel senso che educa ad uno stile di rispetto, di ascolto, di mirata ricerca di autenticità, di pazienza pedagogica, a favore di progressive maturazioni".[23]

Parecchi articoli sottolineano questa apertura e una maggiore libertà di scelta specie dei canti d'ingresso, di offertorio e di comunione. Si passa dal rigore con cui prima era prescritto di eseguire i canti proposti dal Graduale Romano, ad una più libera scelta dei testi, con le sole raccomandazioni che i canti *"convengano con il particolare memento della Messa, con la festa e il tempo liturgico"* (MS n. 32) e che i testi dei canti vengano approvati dalla competente autorità territoriale.

Con questa importante apertura si è compiuto un passo importante della riforma liturgica: ne beneficerà tutta la

---

[23] F. Rainoldi in "Per cantare la nostra fede" – Elle Di Ci 1993

Chiesa celebrante. I canti eseguiti dai fedeli, quelli approvati dalle Conferenze Episcopali, saranno da considerarsi pienamente "canti liturgici", tanto che il celebrante, a differenza di quanto avveniva in precedenza, non dovrà più recitare il testo scritto sul libro latino, il sol considerato "ufficiale" e quindi "liturgico".

Oltre ad un adattamento per quanto riguarda i testi, vi è un'apertura per i generi musicali e per le possibilità dei fedeli e del coro.

" *Nello scegliere il genere di musica sacra, sia per la schola cantorum che per i fedeli, si tenga conto delle possibilità di coloro che devono cantare. La Chiesa non esclude dalle azioni liturgiche nessun genere di musica sacra, purchè corrisponda allo spirito dell'azione liturgica e alla natura delle singole parti, e non impedisce una giusta partecipazione dei fedeli*" (MS n. 9).

Si raccomanda qui una oculatezza nello scegliere il repertorio o le composizioni da insegnare ed eseguire. Si tratta di valutare attentamente le reali capacità di chi deve eseguire i canti. Ciò vale naturalmente sia per il popolo che per il coro. Purtroppo si assiste a sproporzioni sia in eccesso che in difetto: ad esempio gruppi corali che affrontano un repertorio superiore alle proprie capacità vocali ed interpretative, oppure assemblee a cui si affidano banali e insipidi ritornelli.

L'articolo non esclude nessun tipo di musica sacra che però deve sempre rispondere ai requisiti più volte citati: la conformità allo spirito dell'azione liturgica, la pertinenza rituale (il rispetto delle forme, la proporzione, la correttezza di ritmi, di durate) e la funzionalità pastorale della partecipazione dei fedeli.

Adattamento anche per quanto riguarda le persone cioè i ministri che sono chiamati ad eseguire le parti in canto.

"Ogni volta che, per una celebrazione liturgica in canto, si può fare una scelta di persone, è bene dar la preferenza a coloro che sono più capaci nel canto; e ciò soprattutto quando si tratta di azioni liturgiche più solenni ... Se poi questa scelta non è possibile, e il sacerdote o il ministro non è capace di eseguire convenientemente le parti di canto, questi può recitare ad alta voce, declamando l'una o l'altra delle parti più difficili a lui spettanti; ma ciò non

deve favorire solo la comodità del sacerdote o del ministro" (MS n. 8)

Il canto ha, tra gli altri, il fine di dare di dare splendore e maggior decoro all'azione liturgica. Ma se è eseguito male finisce per mortificare la celebrazione. Da qui l'esigenza di scegliere i ministri più dotati vocalmente (e non chi esercita una carica più importante[24]), specie nelle celebrazioni particolarmente solenni o quelle trasmesse per radio o televisione. Ma l'art. continua che se non fosse possibile, per qualsiasi ragione, operare una scelta in tal senso, il Presidente ricorrerà al "proclamare" o "declamare" quei testi che esigerebbero il canto, senza però assecondare la diffusa comodità o pigrizia. L'osservanza di quest'articolo presuppone una remota, attenta e continua preparazione dei ministri di ogni ordine e grado.

---

[24] Ciò non si applica al caso del Vescovo che ha diritto di presiedere l'Eucaristia, a meno che egli stesso voglia affidare il compito a un presbitero. IGMR n. 59

Differenziazione delle celebrazioni.

Per una celebrazione che sia anche più "gustosa" e perché i fedeli possano partecipare più volentieri e con maggiore frutto (*libentius* e *fructuosius*), bisogna anche sviluppare la capacità di variare convenientemente forme e gradi di celebrazione, così come suggerisce l'art. 10 di MS.

"Perché i fedeli partecipino attivamente alla liturgia più volentieri e con maggior frutto, conviene che le forme di celebrazione e i gradi di partecipazione siano opportunamente variati, per quanto è possibile, secondo la solennità dei giorni e delle assemblee".

Per cercare di superare lo svolgersi abitudinario degli elementi celebrativi di un'assemblea festiva, si rende necessario proporre sempre qualcosa di nuovo, dei contenuti che siano specifici per la liturgia che si sta celebrando. Un valido metodo, sia dal punto di vista pastorale che antropologico, suggerito dall'Istruzione MS, è quello di variare forme e gradi di celebrazione secondo il diverso tenore festivo dei giorni liturgici e secondo la diversa composizione dell'assemblea.

L'anno liturgico è un succedersi ciclico di varie celebrazioni dell'unico Mistero di Cristo. Questa programmazione, maturata attraverso secoli di esperienza, richiede un'attenzione particolare ai ritmi dei tempi specifici, ai diversi contenuti, alla molteplicità di gesti anche musicali.

Non è più proponibile, però, la prassi instauratasi in passato che il "gregoriano" era riservato ai giorni feriali e la "musica figurata" presagiva ad un carattere più festivo; e nemmeno affermazioni come quella dell'Istruzione del 1958 circa la polifonia sacra, che *"conviene specialmente alle azioni liturgiche che si vogliono celebrare con maggiore splendore"*. Non è più una questione di forma del canto, ma di contenuti, di atteggiamenti e gesti sonori.

Si può e si deve variare la forma della celebrazione anche tenendo presente la diversa composizione delle assemblee. Nessuna assemblea è uguale ad un'altra, è sempre un *unicum*. Si pensi alle diversità anche all'interno dell'Assemblea radunata, alla diversità culturale, alla diversità delle motivazioni di presenza, alla diversa formazione cristiana, ai diversi livelli di fede, ecc...

In relazione a questa problematica si curerà di attuare strategie adeguate attraverso una differenziazione di programmi, di regie che mettano i fedeli in condizione di partecipare attivamente e agevolmente a tutti i canti e gesti sonori. E' chiaro che nessuno potrà mai trovare i canti "giusti", che vadano bene per tutti, ma sarebbe uno sbaglio grossolano soprassedere a questi problemi con faciloneria ("tanto non canterà mai nessuno").

Formazione

A mio avviso la formazione oggi si impone come elemento fondamentale per il futuro della Musica liturgica. Se veramente ci sta a cuore che nelle nostre Celebrazioni Eucaristiche ci siano buoni e funzionali canti e musiche, passaggio obbligato resta la formazione liturgica e musicale a tutti i livelli: degli animatori liturgici e del canto, direttori di coro, organisti, popolo di Dio e soprattutto seminaristi (che saranno i sacerdoti di domani).

«Oltre alla formazione musicale, si dia ai membri della «schola cantorum» anche un'adeguata formazione liturgica e spirituale, in modo che dalla esatta esecuzione del loro ufficio liturgico, derivi non soltanto il decoro dell'azione sacra e l'edificazione dei fedeli, ma anche un vero bene spirituale per gli stessi cantori.» (MS n. 24)

«...si curi molto la formazione e la pratica musicale nei seminari, nei noviziati dei religiosi e delle religiose e nei loro studentati, come pure negli istituti e scuole cattoliche in genere», specialmente presso gli Istituti superiori creati a questo scopo. Si incrementi prima di tutto lo studio e l'uso del canto gregoriano che, per le sue caratteristiche, è una base importante nella educazione alla musica sacra.» (MS n. 52)

«Si curi molto la formazione e la pratica musicale nei seminari, nei noviziati dei religiosi e delle religiose e negli studentati, come pure negli altri istituti e scuole cattoliche. Per raggiungere questa formazione si abbia cura di preparare i maestri destinati all'insegnamento della musica sacra. Si raccomanda, inoltre, dove è possibile, l'erezione di istituti superiori di musica sacra. Ai musicisti, ai cantori e in primo luogo ai fanciulli si dia anche una vera formazione liturgica.» (SC n. 115)

«L'aspetto musicale delle celebrazioni liturgiche, quindi, non può essere lasciato né all'improvvisazione, né all'arbitrio dei singoli, ma deve essere affidato ad una bene concertata direzione nel rispetto delle norme e delle competenze, quale significativo frutto di un'adeguata formazione liturgica.» (CSP n. 8)

Anche in questo campo, pertanto, si evidenzia l'urgenza di promuovere una solida formazione sia dei pastori che dei fedeli laici. San Pio X insisteva particolarmente sulla formazione musicale dei chierici. Un richiamo in tal senso è stato ribadito anche dal Concilio Vaticano II: "Si curino la formazione e la pratica musicale nei seminari, nei noviziati dei religiosi e delle religiose e negli studentati, come pure negli altri istituti e scuole cattoliche". L'indicazione attende di essere pienamente realizzata. Ritengo pertanto opportuno richiamarla, affinché i futuri pastori possano acquisire una adeguata sensibilità anche in questo campo. In tale opera formativa un ruolo speciale viene svolto dalle scuole di musica sacra, che san Pio X esortava a sostenere e a promuovere, e che il Concilio Vaticano II raccomanda di costituire ove possibile. Frutto concreto della riforma di san Pio X fu l'erezione in Roma, nel 1911, otto anni dopo il Motu proprio, della "Pontificia Scuola Superiore di Musica Sacra", divenuta in seguito "Pontificio Istituto di Musica Sacra". Accanto a questa istituzione accademica ormai quasi centenaria, che ha reso e rende un qualificato servizio alla Chiesa, vi sono tante altre Scuole istituite nelle Chiese particolari, che meritano di essere sostenute e potenziate per una sempre migliore conoscenza ed esecuzione di buona musica liturgica.» (CSP n. 9)

CAPITOLO V

I CANTI DELLA LITURGIA

EUCARISTICA

La riforma liturgica del Concilio Vaticano II, dopo aver esaminato il ruolo dei vari attori della liturgia e chiarito alcuni aspetti che riguardano la celebrazione della Messa, afferma il seguente principio: *non è possibile un'autentica celebrazione senza il canto*. E questo perché sono i vari riti, all'interno della celebrazione, che lo richiedono per la loro stessa natura.

I canti della Messa possono essere classificati in vari modi:

➢ secondo la funzione: **canti che accompagnano un rito e canti-rito**. (Questa distinzione è stata già trattata a pag. 26);

Tra i canti che "accompagnano un rito" possiamo classificare:

- il canto d'ingresso
- il canto alla presentazione delle offerte
- la litania di frazione (Agnello di Dio)
- il canto di Comunione.

Tra quelli che invece "costituiscono un rito" abbiamo:

- l'atto penitenziale (Kyrie o tropo)
- l'inno del Gloria
- il Salmo Responsoriale
- il canto al Vangelo
- il Credo
- il Santo
- l'acclamazione anamnetica (mistero della fede)
- il Padre nostro
- l'acclamazione dopo l'embolismo (Tuo è il regno ...)
- il Canto dopo la Comunione.

➢ secondo le forme musicali: **inni, acclamazioni, litanie, salmi, preghiere e recitativi.**

Fra gli inni possiamo classificare:

- l'Introito;
- il Gloria;
- il canto all'Offertorio;

- il canto di Comunione;
- il canto di ringraziamento dopo la Comunione.

Fra le acclamazioni possiamo classificare:

- l'Amen;
- l'acclamazione al Vangelo;
- il Santo;
- l'acclamazione anamnetica (Mistero della fede);
- l'acclamazione dopo l'embolismo (Tuo è il regno...).

Fra le litanie possiamo avere:

- l'atto penitenziale;
- la parte litanica del Gloria (Tu che togli i peccati ...)
- la preghiera dei fedeli;
- l'Agnello di Dio (litania di frazione).

Fra i salmi:

- il salmo responsoriale.

Fra le preghiere e i recitativi:

- il Credo;
- il Padre nostro;

- i dialoghi tra il celebrante (o altri ministri) e l'assemblea;
- le letture della Liturgia della Parola.

➤ Secondo gli esecutori degli interventi possiamo distinguere in **canti dell'assemblea, canti del Presidente, canti del Diacono, canti dei lettori e salmisti, canti del cantore e canti della schola.**

I canti dell'assemblea sono:

- le acclamazioni in risposta ai ministri ("Amen", specie quello che conclude la Preghiera Eucaristica, le acclamazioni dopo le letture, le acclamazioni del dialogo del Prefazio, le acclamazioni "E con il tuo spirito", l'acclamazione anamnetica, l'acclamazione dopo l'embolismo);
- il ritornello del Salmo Responsoriale;
- l'acclamazione al Vangelo;
- il Credo;
- le invocazioni alla Preghiera Universale;
- il Santo;
- il Padre nostro;

- il Canto dopo la Comunione (quando viene eseguito).

I canti dell'assemblea in alternanza con la schola:
- l'Introito;
- il Signore pietà (o atto penitenziale)
- il Gloria;
- il canto all'offertorio;
- la litania di frazione (Agnello di Dio)
- il Canto di Comunione.

I canti del Presidente sono:
- il segno di croce iniziale (Nel nome del Padre ...);
- il saluto iniziale e finale;
- la Colletta;
- la preghiera sulle offerte;
- il Prefazio;
- la Preghiera Eucaristica (alcuni elementi: il racconto dell'istituzione, l'acclamazione "Mistero della fede", dossologia);
- l'embolismo;

- la preghiera per la pace e il saluto di pace (Signore Gesù Cristo, che hai detto ai tuoi discepoli ...)
- la benedizione finale.

Sono canti del diacono:

- la proclamazione del Vangelo (con il dialogo iniziale e la clausola finale);
- nella preghiera universale: l'invocazione da proporre all'assemblea e le varie intenzioni);
- l'Annuncio del giorno della Pasqua (Solennità dell'Epifania);
- l'"Exultet" (Veglia Pasquale);
- la formula di congedo ("La Messa è finita ..." o simili).

Sono canti dei lettori e del salmista:

- la clausola finale delle letture della Liturgia della Parola;
- i canti interlezionali: Salmo Responsoriale e Canto al Vangelo;

- il canto del "Passio", riservando (se è possibile) a un sacerdote la parte del Cristo;
- in mancanza del Diacono, nella preghiera dei fedeli, l'invocazione da proporre all'assemblea e le varie intenzioni.

Sono canti del cantore (o cantore guida, o animatore del canto dell'assemblea, o maestro di coro):

- le clausole finali delle letture al posto del lettore;
- in mancanza del salmista, il salmo responsoriale e il canto al Vangelo;
- in mancanza del Diacono, proporre l'invocazione della preghiera dei fedeli e le varie intenzioni.

Come si vede, sono tante le classificazioni che gli studiosi hanno fatto dei vari interventi di canto nella Celebrazione Eucaristica, qui seguirò l'ordine cronologico del susseguirsi dei vari canti.

INTROITO

Per comprendere cosa è l'introito bisogna fare un breve esame del suo sviluppo storico sia in epoca pre-cristiana che durante la sua evoluzione presso i Cristiani.

Introito deriverebbe da *intra* (dentro) e *ire* (andare), invece *ingresso* da *in-gredior* (vado, avanzo). I due termini vengono usati spesso come sinonimi, ma in realtà non è così.

Presso i Greci il riferimento più immediato al nostro introito lo possiamo ravvisare nella tragedia. Essa era strutturata in tre parti principali: un inizio (*pàrados*), una parte mediana (*stàsimon*) e una parte conclusiva (*èxodos*).

Dopo il prologo, affidato a due attori, vi era il canto di entrata del coro, il *pàrados* appunto, che veniva eseguito con un accompagnamento strumentale. Il *pàrados* ha dei punti di contatto con il nostro introito perché:

1. entrambi introducono l'azione che si sta per compiere (l'introito un'azione sacra, il pàrados un'azione drammatica);

2. entrambi introducono al tema specifico (liturgico o drammaturgico);

3. entrambi prevedono un'esecuzione corale. A volte l'introduzione era affidata agli attori della tragedia che interagivano con il coro con un procedimento che oggi potremmo definire antifonico.

Anche presso i Romani la musica aveva un ruolo importante. E' interessante soffermarsi su una delle manifestazioni più spettacolari della Roma repubblicana: i Trionfi o *Carmina triumphalia*. Questi erano tributi che il popolo di Roma decretava a condottieri e generali che si erano distinti in battaglia. Il cerimoniale era abbastanza rigido e prescriveva che il trionfatore entrasse dalla porta detta *Triumphalis* con al seguito il suo esercito che lo acclamava con il grido: «*Io, Triumphe*" ("*Evviva, Trionfo*"). I soldati intonavano poi i canti di trionfo che facevano riferimento all'impresa particolare che aveva compiuto il condottiero, celebravano quindi una tematica specifica, una festa propria e non erano generici per tutte le occasioni. Un po' come i nostri introiti che, come vedremo meglio in seguito, aderiscono perfettamente ai mistero che quel giorno si celebra.

Un'altra cultura, che è a noi legata in modo strettissimo, è quella ebraica.

Il culto giudaico si svolgeva con due modalità ben diverse: quella del Tempio e l'altra della Sinagoga. Il Tempio era affidato e gestito alla casta sacerdotale ed era il centro della vita religiosa degli Ebrei, la Sinagoga era un luogo di studio e di preghiera più a carattere laicale.

Come leggiamo nella Bibbia (I Re 10,12), vi era uno sfarzo notevole di musica e di danza: non vi era certo parsimonia di strumenti e solennità nelle cerimonie del Tempio. I canti che si eseguivano erano anzitutto i Salmi o componimenti lirici che cantavano gli stessi sacerdoti. Interessanti sono quei salmi che venivano cantati dai pellegrini che andavano al Tempio compiendo un movimento processionale simile a quello che noi compiamo negli introiti delle nostre Celebrazioni. Questi salmi venivano conosciuti con il termine ebraico *Hamma'aloth* , *"il canto dei gradini"*. Sarebbe come un salterio per i pellegrini che vanno su a Gerusalemme per le festività, (scena descritta molto bene da alcuni passi della Bibbia) che quindi ci fanno pensare al movimento del salire (ascendere), da cui il termine *canti delle ascensioni*. Tuttavia la caratteristica fondamentale era la straordinaria solennità del rito, con processioni di sacerdoti che sfilano al suono di trombe e cembali. Tale humus sonoro influenzerà certamente l'introito cristiano, perdendo forse l'aspetto sonoro ma non quello della solennità.

Dopo la distruzione del Tempio, il culto ebraico si sposta nella Sinagoga (dal greco *syn-agogé*, riunione, convocazione). La musica, che sino ad allora era stata ricca di sfarzo e di gioia, ora porta in sé la sofferenza dell'animo ebraico.

Nelle sinagoghe esisteva una figura che oggi chiameremmo "animatore liturgico" ma che loro definivano "messaggero del popolo". Questi era un laico designato dalla comunità a rappresentarla in alcune preghiere e canti; egli conduceva la preghiera e proclamava la Parola di Dio. Si richiedevano a questo cantore alcune qualità, come una pronuncia adeguata e una buona articolazione della Parola cantata[25].

Interessantissimo notare dei parallelismi che Venetianer trovò fra gli introiti di Quaresima e le lezioni dei quattro sabati che venivano definiti "speciali", entrambi precedono la Pasqua.

Lezione del I sabato "speciale": Sl 91,5 e 15	Introito della I Dom. di Quaresima: Sl 91, 15
Lezione del II sabato "speciale": *Zakhor* (in ebraico *Ricordare*)	Introito della II Dom. di Quaresima: *Reminiscere (Ricorda)*
Lezione del III sabato "speciale": Salmo 25 (*Tengo i miei occhi rivolti al Signore ..."*)	Introito della III Dom. di Quaresima: *Oculi mei*
Lezione del IV sabato "speciale: Is 66, 1-24	Introito della IV Dom. di Quaresima: *Laetare Jerusalem (Rallegrati Gerusalemme)* Is 66, 10-11

E' pura casualità? O l'autore delle antifone d'introito gregoriane conosceva quelle lezioni?

Arriviamo finalmente alle origini del nostro Introito cristiano.

---

[25] ABRAHAM ZVI IDELSOHN , *Storia della musica ebraica*, edizioni Giuntina.

Il *Liber Pontificalis*[26] attribuisce a Papa Celestino I (422-432) l'introduzione a Roma dell'Introito, ma quasi certamente essa si affermò nella seconda metà del secolo VI con il fiorire della *Schola cantorum* romana. Prima la Messa iniziava con il saluto e le letture.

L'*Ordo Romanus I* ci descrive le azioni che si compivano per dare inizio alla Celebrazione Eucaristica nel VII secolo: il Pontefice entra in Chiesa dal *secretarium* e, dopo l'accensione dei ceri processionali, si avvia il corteo all'altare. Lungo il percorso la *Schola* canta l'Introito che viene intercalato con un salmo intero e dunque diventa un *canto antifonico*. Giunti all'altare, dopo il *Gloria Patri*, e l'Antifona si intona un *versus ad repetendum*, cioè il versetto salmico più significativo e più adatto alla solennità che si sta celebrando. Anche le antifone venivano scelte accuratamente, specie per le circostanze più importanti, infatti alcune antifone "colorano" la

---

[26] Il *Liber Pontificalis* è una raccolta di biografie di Pontefici da San Pietro a Martino V (1431) che ci fornisce una miniera di notizie che interessano vari campi del sapere scientifico: la storia dei Papi, la storia della città di Roma, l'archeologia cristiana, la liturgia, la musica liturgica ecc…

celebrazione festiva e, comunque, hanno sempre una funzione dispositiva alla celebrazione. Quasi tutte le antifone sono tratte dai salmi.

Con l'accorciarsi (o con la scomparsa) della Processione il salmo venne ridotto ad un solo versetto con il *Gloria Patri*. Successivamente l'antifona non venne più ripetuta tra il primo versetto e il *Gloria Patri*, ma servì da loro semplice inquadramento.

Ma veniamo alla situazione e alle problematiche attuali.

Per la normativa attuale il testo di riferimento è l'Ordinamento Generale del Messale Romano (OGMR), documento della Conferenza Episcopale Italiana approvato dalla Sede Apostolica il 25 gennaio 2004, redatto secondo la terza edizione tipica del Messale Romano, promulgata il 20 aprile 2000.

La norma più completa sull'introito si trova al n. 47: «La funzione propria di questo canto è quella di:

I. dare inizio alla celebrazione;

II. favorire l'unione de fedeli riuniti;

III. introdurre il loro spirito nel mistero del tempo liturgico e della festività;

IV. di accompagnare la processione del sacerdote e dei ministri».

L'introito funge da stacco rituale (I) fra quello che succede prima e l'inizio della Celebrazione, è un atto simbolico (II) che favorisce effetti psicologici di comunione e di unità fra tutti i partecipanti, ha un valore catechetico-mistagogico (III) che introduce e rende visibile l'icona del mistero che si sta per celebrare ed, infine, è un elemento di solennizzazione (IV) che unisce il visivo con l'ascolto e segna lo spazio materiale e temporale del percorso fino all'altare.

Solo in qualche caso è possibile attuare queste funzioni simultaneamente: a volte se ne tralascia qualcuna o più di una a favore di altre. L'animatore deve fare una scelta fra una o più funzioni e ciò determinerà la forma musicale da seguire. In ogni caso deve essere un canto processionale perché è un canto che accompagna un rito[27] (una processione) e deve trattarsi di un canto che

---

[27] OGMR n. 37.

davvero si armonizzi con i gesti da porre in essere in quel momento secondo una progettualità ben ponderata.

In sintesi:

TESTO: dal *Graduale Romanum* (latino), dal *Messale Romano* (Antifona d'introito), o altro testo approvato dall'autorità ecclesiastica adatto al momento della celebrazione e al carattere del giorno o del tempo[28].

FORMA MUSICALE: antifona + salmo, inno strofico con o senza ritornello, corale, tropario.

ATTORI MUSICALI: schola e popolo alternati oppure cantore e assemblea oppure solo assemblea oppure solo schola.

ATTO PENITENZIALE

Fra i riti di introduzione, dopo il saluto del Celebrante, vi è l'atto penitenziale.

I modi di eseguirlo in canto sono essenzialmente due:

---

[28] OGMR n. 48; Lett. Ap. *Dies Domini*, 31 maggio 1998, n. 50.

1. l'ammonizione, la recita del *Confesso a Dio Onnipotente*, e il canto delle invocazioni *"Signore pietà, Cristo pietà, Signore pietà"* (*o Kyrie eleison, Christe eleison, Kyrie eleison*) ripetute due o più volte.

2. l'ammonizione, una breve pausa di silenzio e il *Signore pietà (o Kyrie)* tropato, che consiste in una triplice invocazione a Cristo (eseguita da un solista o dalla schola) a cui l'assemblea risponde con l'acclamazione-supplica *"Signore pietà, Cristo pietà, Signore pietà"* (*o Kyrie eleison, Christe eleison, Kyrie eleison*).

Il termine *Kyrie eleison* era usato anche in epoca precristiana o pagana per rendere onore ad una divinità o per "divinizzare" un sovrano o imperatore. Il nome *Kyrios* traduce il termine ebraico *Adonai*. Si tratta di un grido che invoca la misericordia del Signore, ma non è un gesto solo penitenziale. Infatti l'OGMR al n. 52 lo definisce «un canto col quale i fedeli acclamano il Signore e implorano la sua misericordia», allora lo possiamo classificare come in Inno a Cristo strutturato in forma acclamatoria/litanica. Come Inno il *Kyrie* può benissimo sostituire il *Gloria* nei tempi in cui questo non può essere cantato.

In sintesi:

TESTO: dal *Graduale Romanum* (solo invocazione), dal *Messale Romano* (per le invocazioni con tropo).
FORMA MUSICALE: litania – acclamazione.
ATTORI MUSICALI: schola (o cantore) e assemblea alternati.

C'è da aggiungere che l'attuale traduzione italiana "Signore pietà" (che forse non rende giustizia all'originale acclamazione) non deve far dimenticare il testo greco che può essere valorizzato e merita di essere tenuto vivo.

L'INNO "GLORIA A DIO"

"E' un inno antichissimo e venerabile" (OGMR n. 53) il cui testo – con qualche variante – si trova già in greco nelle Costituzione Apostoliche (redatte verso l'anno 380) come inno del mattino nella preghiera delle Lodi.

La versione latina più antica in relazione alla Messa è quella dell'Antifonario di Bangor (690 c.).

Dall'Ufficio del Mattino sarebbe entrato nella Messa Romana attraverso la Veglia Pasquale tra la fine del V sec. e l'inizio del VI. Fu poi esteso progressivamente alla messa dei vescovi e poi a quella dei preti. Papa Simmaco (498-514) lo estese alle domeniche e alle solennità dei martiri.

Agli inizi si trattava di un canto degli ecclesiastici, che lo intonavano con formule quasi salmodiche in alternanza.

Nel Medioevo la Schola si appropriò di questo intervento, senza escludere la partecipazione del popolo. Anche per il Gloria, inoltre, non mancò la prassi della tropatura – talvolta eccessiva – adattando il testo a tutte le festività. Alcuni tropi mariani resistettero per un certo periodo, anche dopo il Concilio di Trento.

Quando, dal 1400 circa, si affermò la prassi polifonica, il coro eseguiva da solo tutto il brano e nacquero le ben note composizioni secondo i diversi stili ed epoche.

Per un corretto rivestimento musicale del Gloria (sia in latino, sia nella traduzione italiana) è necessario analizzare la struttura letteraria dell'inno.

Dopo l'annuncio angelico (*Gloria a Dio nell'alto dei cieli*) che fa da incipit - che non deve necessariamente essere eseguita dal Presidente - vi è una sezione laudativa (*Noi ti lodiamo ...*) che termina con una dossologia binaria (*Signore Dio ...*).

Segue una parte Cristologia, di carattere litanico, con triplice risposta (*Tu che togli i peccati del mondo...*).

L'ultima parte è ancora laudativa e si conclude con una dossologia ternaria (*Perché Tu solo il Santo ...*).

I compositori che si accingono a rivestire musicalmente l'inno del Gloria e gli animatori che sceglieranno fra queste composizioni non potranno ignorare questa struttura letteraria.

Il Gloria è un "canto-rito", come lo definisce OGMR al n. 37 e anche per questo motivo non si possono usare parafrasi del testo così come per gli altri testi dell'Ordinario.

La celebrazione di quest'inno ha un significato ben preciso nella liturgia: rendere gloria a Dio in un giorno di festa. Infatti il Gloria viene cantato nelle Domeniche fuori del Tempo di Avvento e di Quaresima, nelle solennità e feste e in celebrazioni di particolare solennità.

Nella scelta tra le varie realizzazioni che si possono trovare oggi è bene evitare quelle forme che assimilano il Gloria ad un responsorio, che prevedono cioè un ritornello per l'Assemblea e delle strofe in stile recitativo affidate al coro o (peggio) ad un solista (*Gloria* di Lourdes). Una scelta in tal senso si può solamente giustificare dal punto di vista pastorale, per evitare la semplice recita verbale, però, in questo caso, (che non deve essere la regola, ma solo un eccezione), si eviti che la parte del coro sia in stile salmodico.

In sintesi:

TESTO: dal *Graduale Romanum* (latino), dal *Messale Romano* (italiano).

FORMA MUSICALE: inno.

ATTORI MUSICALI: tutta l'assemblea oppure assemblea e schola alternati oppure soltanto schola. (OGMR n. 53)

IL SALMO RESPONSORIALE

"Le letture scelte dalla sacra Scrittura con i canti che le accompagnano costituiscono la parte principale della Liturgia della Parola ..." .(OGMR n. 55) Così esordisce l'Ordinamento nella sezione che riguarda la Liturgia della Parola. E al n. 61 "Alla prima lettura segue il salmo responsoriale, che è parte integrante della Liturgia della Parola e che ha grande valore liturgico e pastorale ...".

Il salmo responsoriale quindi costituisce un "canto-rito".

Le testimonianze più esplicite alla salmodia responsoriale risalgono al IV secolo. Lo stile responsoriale prevede non solo uno schema alternante (fra solista e assemblea o tra due cori) ma anche uno schema intercalare (il salmo non viene proclamato in modo continuo, ma inframmezzato da versetti, salmici o meno, che sono commento, risposta o sintesi degli altri versetti del salmo.

La prassi responsoriale è attestata da autorevoli fonti patristiche, sia per la Liturgia delle Ore che per la Celebrazione dell'Eucaristia. Questa prassi viene preferita nelle Celebrazioni comunitarie con la partecipazione del popolo per la sua forza espressiva ed impressiva utile a fissare nella mente e nel cuore alcune frasi della Sacra Scrittura.

Tra le prime forme di salmo adatto all'uso responsoriale fu usato il salmo 136, che prevede già per sua natura una ripetizione (ritornello): *Eterna è la sua misericordia.*

Le Costituzioni Apostoliche, redatte in greco verso il 380, contengono una descrizione dettagliata di questa prassi liturgica: «*Dopo le letture, proclamate due per volta, un altro salmodierà gli inni di Davide e il popolo risponderà salmodiando i ritornelli*».

A Costantinopoli il salmo responsoriale è testimoniato da San Giovanni Crisostomo: «*Colui che salmeggia, salmeggia da solo e se tutti rispondono le loro voci escono come da una sola bocca*».

Sant'Agostino ci attesta che il salmo responsoriale era considerato già come elemento della Celebrazione Eucaristica e ci da delle notizie riguardo alla sua esecuzione: *Un solista propone il primo versetto del salmo* **(responsum)** *e tutta l'assemblea lo riprende e lo ripete quante volte è necessario, facendo eco all'enunciazione, musicalmente ornata, del salmista, il quale continuerà a cantare tutti i versetti successivi.*

I salmisti erano dei cantori ben preparati e ben dotati localmente. I nomi attribuiti a questi ministri variano secondi i luoghi: *psalmista, praecentur, pronuntiatur psalmi,* ecc.

Al tempo di Gregorio Magno (fine sec. VI) il salmo veniva cantato dal diacono; il Papa lo assegnò invece ai suddiaconi o chierici minori. In questo periodo il salmo si chiamò *Graduale*, forse dal luogo in cui veniva eseguito, cioè sui gradini dell'ambone, che veniva chiamato *gradus*. Ma il Graduale era molto diverso dal salmo dei tempi di S. Agostino; era divenuto un brano virtuosistico con numerosi e ricchi melismi in cui il cantore faceva sfoggio della sua bravura.

Nacque anche un libro liturgico che conteneva i Graduali detto *Cantatorium*, e l'ufficio del salmista divenne una sorta di "ordine", al quale si accedeva mediante una speciale benedizione, testimoniata in alcuni libri liturgici.

Dopo questo periodo più o meno florido, il salmo responsoriale venne sostituito da un brano polifonico o addirittura con un brano organistico, chiamato "Canzon dopo l'Epistola" e successivamente "Sonata da Chiesa".

Oggi dopo la riforma liturgica, il salmo responsoriale costituisce un momento importante di interiorizzazione della Parola di Dio, infatti ha la funzione di approfondire il tema contenuto nella Prima lettura e favorire la maggior comprensione del mistero che si sta celebrando. Il salmo responsoriale è l'ascolto che si trasforma in preghiera e tale preghiera e suggerita da Dio stesso, infatti l'assemblea si serve della stessa Parola di Dio e a

Lui risponde con le sue stesse Parole, come afferma S. Agostino: *"Dio loda se stesso con le sue medesime parole"* (Ennarrationes in psalmos 144,1).

L'Ordinamento delle letture della Messa (OLM) al n. 20 afferma: «Il salmo responsoriale di norma si eseguisca in canto. Ci sono due modi di cantare il salmo dopo la prima lettura: il modo responsoriale e il modo diretto. Il modo responsoriale che è quello, sempre che sia possibile, da preferirsi, allorché il salmista o il cantore del salmo ne pronunzia i versetti, e tutta l'assemblea partecipa col ritornello. Il modo diretto, allorché il solo salmista o il solo cantore canta il salmo e l'assemblea si limita ad ascoltare, senza intervenire col ritornello; o anche allorché il salmo vien cantato da tutti quanti insieme».

Gli fa eco l'OGMR che al n. 61 così afferma: «Conviene che il salmo responsoriale si esegua con il canto, almeno per quanto riguarda la risposta del popolo. [...] Ma perché il popolo possa più facilmente ripetere il ritornello, sono stati scelti alcuni testi comuni di ritornelli e di salmi per i diversi tempi dell'anno e per le diverse categorie di Santi».

Come si può notare entrambi in documenti insistono sulla esigenza di eseguire in canto il salmo responsoriale; l'indicazione dell'OGMR circa la possibilità di cantare solo il ritornello, si deve intendere come un adattamento per pure ragioni pastorali: anziché non cantarlo proprio, almeno si canti il ritornello.

Il canto del salmo spetta al salmista, o cantore del salmo. Delle sue qualità e peculiarità ho ampiamente parlato trattando dei ministeri all'interno della Celebrazione Eucaristica. Forse la difficoltà più grande nell'affrontare adeguatamente questo momento è proprio quella di trovare un bravo salmista.

In sintesi:

TESTO: dal *Lezionario*.

FORMA MUSICALE: ritornello alternato ai versetti del salmo; esecuzione responsoriale (l'assemblea canta il ritornello) o esecuzione diretta (tutti ascoltano in silenzio)

ATTORI MUSICALI: salmista (versetti del salmo) e assemblea (ritornello).

L'ACCLAMAZIONE AL VANGELO

«Dopo la lettura che precede immediatamente il Vangelo, si canta l'Alleluia o un altro canto stabilito dalle rubriche, come richiede il tempo liturgico». (OGMR n. 62)

Il termine *Alleluia* sintetizza due parole ebraiche *Hallelu* – *JH* che significa"Lodate il Signore" La fonte da cui questo termine è stato introdotto nella Liturgia è il

Salterio dell'Antico Testamento e cioè i Salmi 113-118 e 146-150, i cosiddetti *Salmi alleluiatici*. Ma compare anche nei Salmi 104-106; 110-118; 134-135.

Il canto è entrato nella Liturgia verso la fine del IV secolo in Oriente, nella Liturgia romana (solo nel tempo pasquale) arriva nei primi decenni del VI secolo, ed infine con Gregorio Magno si estende a tutte le Liturgie tranne che in Quaresima.

Nella liturgia romana è collocato dopo il Vangelo, mentre in quella ispanica segue la proclamazione del Vangelo.

La forma attuale è quella del canto dell'Alleluia, seguito dal versetto; nel tempo di Quaresima è prevista un'acclamazione (non alleluiatica).

"Tale acclamazione costituisce un rito a sé stante ..."[29] al quale è riconosciuta la specifica funzione di introdurre la proclamazione del Vangelo. Con questo canto "l'assemblea dei fedeli accoglie e saluta il Signore che sta per rivolgere a essa la sua parola, ed esprime col canto la sua fede".[30]

---

[29] OGMR n. 62
[30] OLM n. 23

Per quanto riguarda il modo di esecuzione l'Ordinamento del Messale Romano ci indica che il canto al Vangelo viene cantato da tutti (in piedi) sotto la guida della schola o del cantore. Secondo un prassi ormai consolidata sembra ottimale l'esecuzione in crescendo: prima il cantore esegue l'intonazione, ripetuta dall'Assemblea ed infine l'Assemblea con la Schola (o la sola Schola in polifonia).

Il canto può essere ripetuto dopo la proclamazione del Vangelo, soprattutto quando il diacono, in processione, reca al Vescovo l'Evangeliario per il bacio.

E' interessante notare, per l'importanza dell'esecuzione cantata, che il n. 63 dell'OGMR concede di tralasciare l'*Alleluia* e il suo versetto qualora essi non vengano cantati.

In sintesi

TESTO: dal *Lezionario*.

FORMA MUSICALE: acclamazione + versetto in tono salmodico o (solo in casi particolari) in polifonia

ATTORI MUSICALI: tutti (alleluia); cantore o schola (versetto)

CREDO (O «SIMBOLO»)

In Occidente la professione di fede entrò nella liturgia gallicana verso il 500 ed in quella ispanica relativamente alla messa domenicale intorno al 580. Nella liturgia romana comparve solo dopo il 1000 e si usò solo la forma del Simbolo chiamato "niceno-costantinopolitano". In origine era un canto sullo stile della cantillazione eseguito quasi esclusivamente dalla Schola. Moltissime furono poi le composizioni polifoniche e lirico-sinfoniche poiché il testo del Credo si prestava ad una sua drammatizzazione.

Con la riforma del Vaticano II il Credo assume la forma di professione di fede e quindi rappresenta un gesto impegnativo individuale ma allo stesso tempo comunitario. Rappresenta ancora la risposta di tutto il popolo di Dio alla Parola ascoltata nella Sacra Scrittura e spiegata nell'omelia[31].

«Il simbolo deve essere cantato o recitato dal sacerdote insieme con il popolo nelle domeniche e nelle solennità. [...] Se si proclama in canto, viene intonato dal sacerdote o secondo l'opportunità dal cantore o dalla schola; ma viene cantato da tutti insieme o dal popolo alternativamente con la schola». (OGMR n. 68). Non può essere esclusa, quindi, l'assemblea.

Le difficoltà nascono dal testo, un po' lungo, e dalla carenza di melodie valide.

Si possono adottare delle soluzioni pastoralmente ritenute efficaci come l'esecuzione a cori alterni, la scelta

---

[31] OGMR n. 67

del "Simbolo Apostolico" (concessa dal1983), o in ultima analisi un ritornello da alternare alla proclamazione cantata da parte del coro.

In particolari circostanze si potrebbe usare la seconda parte della formula della rinnovazione delle promesse battesimali con la triplice domanda a cui tutta l'assemblea risponde (in canto): Credo!

In sintesi:

TESTO: dal *Messale Romano*.

FORMA MUSICALE: recitativo.

ATTORI MUSICALI: tutti oppure schola e assemblea alternati.

LA PREGHIERA UNIVERSALE

L'originaria funzione di questo rito è quella di chiudere la Liturgia delle Ore, ma entrò anche a far parte della Liturgia Eucaristica, in vari momenti, specie come preghiera per i Catecumeni e successivamente diventa *Oratio fidelium.*

Dopo il VII secolo fu abbandonata data l'introduzione del *Kyrie* come canto litanico nell'atto penitenziale; fu reintrodotta dal Concilio Vaticano II data l'importanza rituale di questo momento.

Per mezzo della Preghiera dei fedeli, il popolo esercita il proprio sacerdozio battesimale, offrendo a Dio preghiere per la salvezza di tutti.[32]

Della modalità di svolgimento di questo rito ce ne parla il n. 71 dell'OGMR: il sacerdote introduce la preghiera con una monizione, le intenzioni vengono proposte (secondo un ordine elencato nel precedente n. 70) da parte del diacono o del cantore o del lettore a cui il popolo

---

[32] OGMR n. 69

risponde con un'invocazione comunitaria; il sacerdote conclude la preghiera con un'orazione.

Vi sono nel repertorio in lingua viva dei buoni esempi di risposte in canto o, in alternativa, è possibile utilizzare una formula latina come il *Kyrie eleison* o *Te rogamus, audi nos.*

In alcune celebrazione sacramentali la Preghiera dei fedeli è sostituita dalle Litanie dei Santi.

In sintesi:

TESTO: dall'*Orazionale.*

FORMA MUSICALE: invocazione-supplica (proposta dal cantore e ripetuta da tutti).

ATTORI MUSICALI: cantore e tutti

IL CANTO ALL'OFFERTORIO

E' un canto-rito (Cf n. 37, *b* dell'OGMR) poiché accompagna la processione di coloro che portano le offerte all'altare.

«Il canto all'offertorio accompagna la processione con la quale si portano i doni; esso si protrae almeno fino a quando i doni sono stati deposti sull'altare. Le norme che regolano questo canto sono le stesse previste per il canto d'ingresso (Cf. n. 48). E' sempre possibile accompagnare con il canto i riti offertoriali, anche se non si svolge la processione dei doni.»[33]

La prima testimonianza di un canto che accompagna l'offertorio è di Sant'Agostino che descriveva questa prassi a Cartagine nel 397.

I testi erano quasi tutti presi dal Salterio o dalla Sacra Scrittura ed erano in sintonia con la celebrazione del giorno, raramente avevano tematica offertoriale.

---

[33] OGMR n. 74

Dopo varie vicissitudini, questo momento diventò un mottetto libero intonato dalla schola oppure un brano strumentale.

Oggi, per una sapiente regia sonora di questo momento, si deve tener presente che si tratta del momento che apre la liturgia Eucaristica (come i riti iniziali aprono la Liturgia della Parola), quindi non va appesantito o enfatizzato (salvo circostanze particolari) poiché, dopo i momenti forti di tensione della Liturgia della Parola, potrebbe essere utili un momento di distensione (da cui ripartire con maggiore slancio verso la Preghiera Eucaristica).

I temi che può contenere questo canto sono molteplici: meditazione sulla Parola di Dio appena proclamata, il pane e il vino offerti dalla bontà divina e presentati al Signore, propiziazione e intercessione per la comunità.

I testi non dovrebbero contenere dei riferimenti a momenti successivi della Liturgia Eucaristica come "la vera offerta" di Cristo e della Chiesa (momento dell'Anamnesi) e l'unità o la comunione dei fedeli (tema della frazione del pane e della Comunione).

Infine non è conveniente che il testo del canto contenga le formule pronunciate dal Presidente per l'innalzamento delle offerte (*beraka*).

Altra possibilità è l'intervento del solo coro che può eseguire un brano «elaborato secondo i canoni dell'arte».[34]

In sintesi:

TESTO: dal *Graduale Romanum* (latino), o altro testo approvato dall'autorità ecclesiastica.

FORMA MUSICALE: antifona + salmo, inno strofico con o senza ritornello, corale, tropario.

ATTORI MUSICALI: schola e popolo alternati oppure cantore e assemblea oppure solo assemblea oppure solo schola.

---

[34] F. Rainoldi in *Psallite sapienter*, pag. 183

LA PREGHIERA EUCARISTICA

Il cuore dell'intera Celebrazione dell'Eucaristia è la Preghiera (o Prece) Eucaristica, «ossia la preghiera di azione di grazia e di santificazione»[35], che il sacerdote rivolge a Dio a nome di tutta la comunità. Quindi non un monologo del Presidente, ma un gesto di natura assembleare ed ecclesiale.

Si compone di diversi elementi:

1. il dialogo introduttivo;
2. il *Prefazio*;
3. l'Acclamazione del *Santo*;
4. il racconto dell'istituzione e la consacrazione;
5. l'*Anamnesi*;
6. l'offerta e le intercessioni;
7. la *Dossologia* finale.

Il dialogo introduttivo dà il via alla preghiera. L'animatore musicale di questo momento è il celebrante che lancia l'intonazione e tutto il popolo risponde in canto.

---

[35] OGMR n. 78

Il *Prefazio* è un testo lirico ed esige, per sua natura, il canto. Si trovano valide melodie per il canto del Prefazio, con il suo dialogo introduttivo, nel Messale italiano del 1983.

L'ultima parte del Prefazio lancia l'inno-acclamazione del **Santo**, che è "lo slancio benedicente dell'Assemblea terrena che si unisce alle creature celesti"[36]. Il testo proviene da *Is 6,3* o anche *Ap 4,8*, mentre il *Benedictus* proviene dal *Salmo117, 25-26*; il grido *Osanna* deriva dall'ebraico *hoshi-ah-nna* che significa "Oh, dona salvezza"

«Tutta l'assemblea, unendosi alle creature celesti, canta il *Santo*. Questa acclamazione, che fa parte della Preghiera Eucaristica, è proclamata da tutto il popolo con il sacerdote»[37]. Stando alle norme non sarebbe possibile un alternanza del coro con l'assemblea, mentre la prassi vuole che il coro esegua parti del canto (come l'*Osanna* o il *Benedictus*) arricchendoli con la polifonia.

---

[36] F. Rainoldi in *Psallite sapienter*, pag. 185
[37] OGMR n. 79

L'Ordinamento del Messale definisce il Santo un'acclamazione, ma in realtà è qualcosa di più complesso, non riducibile all'unico gesto acclamatorio.

Questa è l'analisi che ne fa Joseph Gelineau[38]:

Santo, Santo, Santo il Signore Dio dell'universo	Adorazione
I cieli e la terra sono pieni della tua gloria!	Proclamazione cosmica
Osanna nell'alto dei cieli	Acclamazione
Benedetto colui che viene nel nome del Signore	Proclamaz. cristologia
Osanna nell'alto dei cieli	Acclamazione

Da quest'analisi si evince che l'acclamazione starebbe solamente nei due *Osanna*, secondo Valentino Donella[39], invece, anche il triplice *Santo* avrebbe natura acclamatoria.

Il punto fermo è che deve essere un canto dell'assemblea insieme al sacerdote, non può essere sostituito da un

---

[38] J. Gelineau in *I canti della messa nel loro radicamento rituale*, Padova, Edizioni Messaggero, 2004, p. 80
[39] V. Donella, *Il Sanctus*, in Bollettino Ceciliano, Associazione Italiana S. Cecilia, 2005 n. 2, p. 38

mottetto della schola o da nessun altra forma alternata (responsoriale ecc...).

Né può essere alterato il testo o manomesso nella sua struttura (vedi certe brutture: *"Osanna eh, osanna a Cristo Signor"*).

Altra preoccupazione è quella di legare il Santo al Prefazio cantato, cioè assicurare una continuità musicale con il tono o la modalità precedente. Se il Prefazio non viene cantato (cosa quasi abituale nelle nostre parrocchie) qualsiasi tono va bene; basterà che l'organista non si dilunghi in inutili introduzioni: una o al massimo due battute bastano per lanciare l'intervento assembleare.

In sintesi:

TESTO: dal *Messale Romano* (italiano o latino); non alterabile.

FORMA MUSICALE: inno-acclamazione

ATTORI MUSICALI: tutto il popolo con il sacerdote.

L'**acclamazione** dopo la consacrazione è detta **di anamnesi**, cioè si celebra il memoriale di Cristo, della sua passione, morte e risurrezione. Il messale italiano del 1983 ci offre tre formule: dopo l'invito *Mistero della fede*, l'assemblea risponde in canto:

1.   *"Annunciamo la tua morte, Signore ..."*;

2.   *"Tu ci hai redenti con la tua croce ..."*;

3.   *"Ogni volta che mangiamo di questo pane ..."*.

Sarebbe utile, dal punto di vista didattico-catechetico, alternare le tre formule secondo i Tempi liturgici (ad esempio *Tu ci hai redenti con la tua croce* sembrerebbe più adatto nel Tempo di Quaresima; invece *Ogni volta che mangiamo di questo pane* si addice di più al Giovedì Santo e al Tempo Pasquale, ecc...).

In sintesi:

TESTO: dal *Messale Romano*.

FORMA MUSICALE: acclamazione

ATTORI MUSICALI: Assemblea.

Per quanto riguarda **il racconto dell'istituzione e la consacrazione** e **l'offerta e le intercessioni** sono ovviamente interventi del Presidente dell'Assemblea. La tradizione di avvaleva della cantillazione che oggi, purtroppo, è quasi del tutto scomparsa come forma musicale. Nel Messale Romano del 1983 esistono due melodie per il canto della Preghiera Eucaristica: sta al Presidente scegliere (secondo la preparazione tecnico-musicale) se leggere semplicemente i testi o cantarli.

La Preghiera Eucaristica si conclude con la ***Dossologia*** finale: *"Per Cristo, con Cristo e in Cristo ..."*. «Con essa si esprime la glorificazione di Dio; viene ratificata e conclusa con l'acclamazione del popolo: *Amen*». Esige dunque il canto del Presidente e dei Concelebranti (se ci sono) che lancia la solenne acclamazione del popolo. L'*Amen* finale (che è il più solenne e importante della Celebrazione Eucaristica) potrà essere ripetuto più volte e arricchito ulteriormente con l'apporto della Schola.

E' invece una consuetudine assolutamente abusiva quella di affidare all'assemblea tutta la *Dossologia* per intero.

In sintesi:

TESTO: dal *Messale Romano.*

FORMA MUSICALE: acclamazione

ATTORI MUSICALI: La prima parte spetta al solo sacerdote, l'*Amen* appartiene a tutta l'Assemblea.

LA PREGHIERA DEL SIGNORE

L'invocazione con cui si chiede il pane quotidiano nella preghiera del Padre nostro, fa scorgere ai primi Cristiani un riferimento al pane eucaristico, per cui si è orientata la preghiera al Padre come rito preparatorio alla Comunione. La recita del Padre nostro nella Messa è attestata da San Cirillo di Gerusalemme per l'Oriente (348) e da Ottavio di Rilevi per l'Occidente (366). Nella liturgia romana era recitato o cantato dal solo sacerdote; il popolo al massimo rispondeva con l'*Amen* nell'esecuzione cantata. Oggi la preghiera del Signore è stata giustamente restituita al popolo che (se eseguita in canto) la esegue con intensità e coralità. Bisogna adottare una melodia semplice (ma bella) che rispetti il ritmo del parlato per permettere a tutti di partecipare, evitando invece le melodie che trattano il Padre nostro come una canzone e respingendo con fermezza ogni manomissione del testo evangelico.

In sintesi:

TESTO: dal *Messale Romano*, tratto dal Vangelo e non alterabile.

FORMA MUSICALE: recitativo.

ATTORI MUSICALI: Assemblea.

ACCLAMAZIONE DOPO L'EMBOLISMO

Questa sezione dei riti di Comunione (dalla monizione introduttiva al Padre nostro all'acclamazione *Tuo è il regno* ...) dovrebbe formare un tutt'uno, poiché il Presidente dovrebbe saldare le varie parti cantando i recitativi che gli spettano.

Dopo il Padre nostro il Presidente dovrebbe prolungare il canto con il recitativo dell'embolismo (*Liberaci, o Signore* ...) o almeno con l'intonazione dell'ultima parte (*nell'attesa che si compia* ...) che provoca l'acclamazione dell'assemblea *"Tuo è il regno ..."*. La musica dovrebbe essere di carattere acclamatorio per un testo che è insieme assertivo e di glorificazione. La schola si può eventualmente unire all'assemblea per un'amplificazione polifonica del gesto acclamatorio.

In sintesi:

TESTO: dal *Messale Romano*.

FORMA MUSICALE: acclamazione

ATTORI MUSICALI: Assemblea o Assemblea + schola.

AGNELLO DI DIO

La litania dell'*Agnello di Dio* accompagna la cosiddetta frazione del pane per tutta la sua durata. E' stata introdotta da Papa Sergio I (687-701).

Il testo è tratto dal Vangelo di Giovanni (*Gv 4, 29-36*) ma anche da numerosi passi dell'Apocalisse. L'assemblea rispondeva con *miserere nobis*. In seguito l'*Agnus Dei* fu eseguito, in forma molto elaborata, dalla sola schola. Con il progressivo svilimento del rito della frazione del pane (per la mancata comunione da parte dell'assemblea), le invocazione furono ridotte a tre e acquistò maggior rilievo il rito della pace con la conseguente introduzione dell'invocazione *dona nobis pacem*. Il canto di pace in realtà oggi non esiste: l'introdurlo, abusivamente, nelle nostre liturgie, significa spostare l'attenzione da un gesto misterico (il pane spezzato) ad un nostro gratificante momento di festa.

La riforma liturgica si è preoccupata di ridare all'*Agnus Dei* il suo carattere di litania e di ridargli la funzione di accompagnamento al rito di frazione del pane, infatti l'OGMR al n. 83 dice:«L'invocazione accompagna la frazione del pane, perciò la si può ripetere tanto quanto è necessario fino alla conclusione del rito».

Per questo si devono rifiutare quelle melodie che non rispettano la specifica forma di litania o sono troppo elaborate e prolisse da sovrastare il rito.

Una possibilità potrebbe essere quella di realizzare in forma polifonica una rafforzamento dell'ultima invocazione (*dona nobis pacem*) da parte del coro.

In sintesi:

TESTO: dal *Messale Romano*.

FORMA MUSICALE: litania

ATTORI MUSICALI: Cantore o schola per le invicazioni: assemblea per la risposta.

CANTO DI COMUNIONE

Il canto di Comunione (*Communio*), come il canto processionale dell'Introito, nel gregoriano classico si esplicita nella forma dell'Antifona. Il Salmo che venne scelto, fin dall'antichità, per essere alternato con l'antifona, è il salmo 33 a motivo del versetto: *Gustate e vedete quanto è buono il Signore*. Successivamente anche il Salmo 42: *Verrò all'altare di Dio ...* oppure il Salmo 22: *Il Signore è il mio pastore ...* ma anche i Salmi 144, 115, 148, 150.

Per quanto riguarda i testi delle Antifone che si alternavano ai Salmi è certa la prassi di collegarli alla solennità del giorno. Le antifone più antiche sono desunte dal Vangelo come quella della Domenica di Passione, tratta dal Passio: «*Pater, si non potest hic calix transire ...*», successivamente si affermò la prassi di desumerle dai Salmi (vedi ad esempio l'Antifona di Comunione del Mercoledì delle Ceneri: «*Chi medita giorno e notte sulla legge del Signore al tempo opportuno porterà il suo frutto*»: Sal 1,2-3)

Nei Communio gregoriani raccolti nel *Graduale Romanum* vi sono 69 antifone salmiche, 67 evangeliche, 21 da altri libri della Bibbia e solo 6 non tratte dalla Sacra Scrittura).

Oggi la importantissima funzione di questo canto è sottolineata dal n. 86 dell'OGMR: «Mentre il Sacerdote assume il Sacramento, si inizia il Canto di Comunione: con esso si esprime, mediante l'accordo delle voci, l'unione spirituale di coloro che si comunicano, si manifesta la gioia del cuore e si pone maggiormente in luce il carattere *comunitario* della processione di coloro che si accostano a ricevere l'Eucaristia».

Pastoralmente utile, quindi, che il canto abbia un ritornello facile che possa essere memorizzato ed eseguito durante la processione. La schola o il cantore possono intercalare delle strofe o dei versetti salmici.

Il Messale del 1983 propone delle antifone corrispondenti al Vangelo del giorno per sottolineare maggiormente la profonda unione mistagogica fra la mensa della Parola e quella del Pane.

Si consiglia di non fare due o più canti di Comunione, ma piuttosto di prevedere, in caso di tempi lunghi di distribuzione dell'Eucaristia, canti con più strofe oppure di distaccare le strofe con interludi strumentali. Inoltre se è previsto un inno dopo la Comunione, il canto di Comunione si interrompa al momento opportuno[40] (cioè quando termina la distribuzione di Gesù Eucaristia).

In sintesi:

TESTO: dal *Graduale Romanum* (latino), dal *Messale Romano* (Antifona di Comunione) o altro testo approvato dall'autorità ecclesiastica.

FORMA MUSICALE: antifona + salmo, inno strofico con o senza ritornello, corale, tropario

ATTORI MUSICALI: schola e popolo alternati oppure cantore e assemblea oppure solo assemblea oppure solo schola.

---

[40] OGMR n. 86.

L'INNO DOPO LA COMUNIONE

Questo canto è una novità rispetto alla tradizione, introdotto dall'*Ordo Missae* del Concilio Vaticano II. Infatti il n. 88 dell'OGMR recita: «Terminata la distribuzione della Comunione, il sacerdote e i fedeli, secondo l'opportunità, pregano per un po' di tempo in silenzio. Tutta l'assemblea può anche cantare un salmo, un altro cantico di lode o un inno.

Si tratta, anche qui, di un canto-rito: se non vi è il canto, si prosegue la Celebrazione con l'orazione dopo la Comunione.

La forma musicale è lasciata alla discrezionalità dell'animatore: può essere un inno con ritornello o un inno corale o ancora un salmo corale (in questo caso è bene che l'assemblea stia in piedi) oppure si può optare per un gesto meditativo e quindi adottare il genere arioso meditativo, senza o con l'intervento del cantore o della schola (in questo caso l'assemblea può stare seduta).

In ogni caso, se questo canto si effettua deve restare il vero "canto finale", infatti le rubriche non prevedono alcun intervento cantato alla fine della Messa. OGMR parla di congedo con il quale si scioglie l'assemblea, perché ognuno ritorni alle sue opere di bene lodando e benedicendo Dio.[41]

In sintesi:

TESTO: non vi è alcuna indicazione; comunque deve avere un testo approvato.

FORMA MUSICALE: salmo, cantico di lode o inno.

ATTORI MUSICALI: assemblea, oppure assemblea alternata con il cantore e/o la schola.

---

[41] OGMR n. 90c.

Bibliografia

Documenti

- Motu proprio di S. S. Pio X sulla Musica Sacra
- Costituzione sulla S. Liturgia *Sacrosanctum Concilium* (SC)
- Istruzione *Musicam Sacram* (MS)
- Ordinamento delle letture della Messa (OLM)
- Ordinamento Generale del Messale Romano (OGMR)
- Chirografo del Sommo Pontefice Giovanni Paolo II per il centenario del Motu Proprio "Tra le Sollecitudini" sulla Musica Sacra (CSP)

Testi su musica e liturgia

L. Brandolini, "Ministri e servizi nella Chiesa di oggi", Roma 1980

E. Costa, *Celebrare cantando,* Ed. San Paolo, 1994

N. D'Elia, "Celebrare è cantare" L.E.R. Napoli 1981

G. Orlandini, "Date al Signore splendida lode" – Elle Di Ci, Torino 1987

F. Rainoldi, - *Per cantare la nostra fede*, Elle Di Ci, 1993

            - *Psallite sapienter,* CLV, 1999

J. Ratzinger, "La festa della fede" – Jaca Book, Milano 1984

N. Schilirò, *La Musica Sacra*, Catania, 1995

A. Porfiri in *"La vita in Cristo e nella Chiesa"* nn. 7, 8 , 9 dell'anno 2001 – nn. 1, 10 dell'anno 2002.

INDICE

Capitolo V:

Anno di edizione: 2011

Editore: Lulu

Copyriht: Lulu Author (Licenza standard di copyright)

ISBN: 978-1-4476-7651-5

Lightning Source UK Ltd.
Milton Keynes UK
UKHW021842120123
415233UK00014B/775